Verlag Pesermo

Souverän verhandeln auf Augenhöhe

Das GRASP Experiment

von

Birgit Hauser & Dr. Henning Beck

Impressum

Verlag Pesermo

Souverän verhandeln auf Augenhöhe
Das GRASP Experiment
von Birgit Hauser & Dr. Henning Beck
1. Auflage 2013

Veröffentlicht im Verlag Pesermo, Waldneukirchen [A]
2013 Copyright©by Verlag Pesermo
Sonja Seirlehner, MBA MSc, Waldneukirchen [A]
Design: Verlag Pesermo
Cover: Bild Fotolia
Bilder: Fotolia www.fotolia.com

Druck & Bindung: SOL Service GmbH, Schrobenhausen [D]
ISBN 978-3-9503380-7-2

Danke

Wir bedanken uns bei Prof. Dr. Wolfgang Appel und Mag.ᵃ Bernadette Wuelz für ihre „Ermöglichungsinterventionen".

Darum geht's
Inhaltsverzeichnis

Birgit Hauser 9
Dr. Henning Beck 9
Vorwort von Dr. Melanie Billings-Yun 11
I.   Die GRASP Verhandlungsmethode 17
Goals – Ziele 20
Routes – Optionen 25
Arguments – Argumente 27
Substitutes – Plan B 33
Persuasion – Überzeugung 37
II.   Das GRASP Experiment 45
III.   Sind Sie ein talentierter Verhandler? 79
Bergführer 89
Gipfelstürmer 95
Sherpa 99
Erstbesteiger 103
IV.   Goldenes Wörterbuch für Verhandler 113
Wirkungsvoll fragen 119
Wertschätzend formulieren 127
Framing beeinflusst alle 131
Kommunikative Torpedos 135
Häufige Verhandlungsfehler 137

Wenn es um alles geht 147

Humus für Inspiration 153

Charme als Strategie 159

Kluge Worte im Verhandlungskontext 165

V.   Humor als „ernste" Verhandlungstechnik 179

Zum Schluss...187

Anhang – GRASP Verhandlungsplaner........................189

Anhang – Fallbeispiel...195

Literaturverzeichnis (alphabetisch) 201

Abbildungsverzeichnis...203

Birgit Hauser, frühere Human Resources Managerin bei einem börsennotierten Unternehmen, verfügt über acht Jahre Verhandlungserfahrung und arbeitet seit 2009 selbstständig als kommerzielle Verhandlerin und Konfliktvermittlerin. Ausübung: Internationale Trainer- und Beratertätigkeit (Verhandlung, Konfliktmanagement). Abschluss: Certificate of Advances Studies der FH St. Gallen. Derzeit Masterstudium in Projektmanagement & Business Mediation, Alpen-Adria Universität Klagenfurt. [www.birgit-hauser.com]

Dr. Henning Beck, studierte von 2003 bis 2008 Biochemie in Tübingen. Nach dem Diplom-Abschluss arbeitete er an einem neurowissenschaftlichen Projekt am Hertie-Institut für klinische Hirnforschung in Tübingen sowie am Institut für Physiologische Chemie in Ulm und wurde 2012 an der Graduate School of Cellular & Molecular Neuroscience promoviert. Er fesselt seine Zuhörer mit populärwissenschaftlichen Vorträgen über Themen wie Hirnforschung und Kreativität und arbeitet als freischaffender Präsentationstrainer. Im November 2012 gewann er die Deutsche Science Slam Meisterschaft. [www.henning-beck.com]

Vorwort von Dr. Melanie Billings-Yun

Verhandeln ist etwas zutiefst Menschliches. Auch wenn dabei häufig Zahlen und technische Begriffe eine Rolle spielen, liegt doch der Kern des Verhandelns im Herstellen einer Verbindung zu einem anderen Menschen, im Bereinigen unterschiedlicher Ansichten und dem Erarbeiten von Lösungen, die einen höchstmöglichen Vorteil versprechen. Kurz gesagt: Es geht darum, eine Beziehung zu schaffen.

Natürlich gibt es ebenso viele unterschiedliche Arten von Beziehungen, wie es unterschiedliche Arten von Menschen gibt. Sie können mit Familienmitgliedern verhandeln, mit Nachbarn, Geschäftspartnern, Dienstleistern, Kunden, Beratern, Angestellten, Vorgesetzten und zahllosen anderen. Obwohl es zwischen diesen Beziehungen große Unterschiede gibt, haben sie doch eines gemeinsam: Alle können Ihnen potenziell nützen. Dazu müssen Sie allerdings zuerst das Vertrauen wecken, dass umgekehrt auch Sie ihnen nützen können. Wie eng die Beziehung auch sein mag – das Entwickeln des nötigen Vertrauens und der Zusammenarbeit beginnt mit dem Erzeugen einer entspannten Atmosphäre, in der die andere Seite nicht als kleines Rädchen im Getriebe oder gefürchteter Gegner bzw. Mittel zum Zweck gesehen wird, sondern als Individuum, das Sie respektieren und mit dem Sie zusammenarbeiten möchten. Die von mir ins Leben gerufene und hier weiterentwickelte GRASP Methode zeigt Ihnen einen Rahmen für das Schaffen positiver sowie vorteilhafter Verhandlungsbeziehungen. Dies wird möglich durch das **Erkennen der Ziele** Ihres Gegenübers, um sowohl dessen und zugleich Ihre eigenen Ziele zu erreichen, durch das **Suchen nach Wegen** als auch das **Entwickeln von Argumenten**, die diese Wege unterstützen, durch das **Veranschaulichen von Alternativen**, anhand derer Sie zu einer Einigung mit der Gegenseite gelangen können und letztendlich durch das **Überzeugen** aufgrund eines bejahenden und respektvollen Sprachgebrauchs sowie durch aktives Zuhören. Darüber hinaus sind Birgit Hauser und Henning Beck tiefer in die Grundlagen der Überzeugungsarbeit vorgedrungen und liefern nützliche Beispiele für die Wortwahl positiver Kommunikation sowie praktische Werkzeuge, um Ihren Kommunikationsstil anzupassen. Für mich ist allerdings der faszinierendste Teil des Buches das GRASP Experiment. Fähige Verhandler wissen schon lange um die Wichtigkeit positiver Gefühle im Erreichen von wertsteigernden Übereinkünften. Wer selbstsicher und entspannt ist, verbringt weniger Zeit damit, sich zu sorgen und setzt auf diese Weise mehr geistige Energie für eine kreative Problemlösung frei. Äußerlich legt er ein vertrauenswürdiges, kompetentes und damit überzeugendes Auftreten an den Tag. Hauser und Beck haben hier die Verbindung zwischen positiven Gefühlen und dem Erreichen von Verhandlungszielen bewiesen, was eine wertvolle Bereicherung zur Literatur über das Verhandeln darstellt.

Dieses Buch liefert Einblicke aus Sicht des gesunden Menschenverstandes sowie aus dem Leben gegriffene Beispiele, die jeden ansprechen, der an einer unvoreingenommenen, wertschöpfenden Herangehensweise in Bezug auf das Verhandeln mit gleichzeitigem Aufbau von Beziehungen interessiert ist. Durch die vielen Tipps und Übungen werden auch unsichere Verhandler entdecken, dass Verhandeln eine positive, anregende und lohnende Erfahrung sein kann.

Melanie Billings-Yun, Ph.D.
Autorin von Beyond Dealmaking: Five Steps to Negotiating Profitable Relationships
Februar 2013

Souverän verhandeln auf Augenhöhe
Das GRASP Experiment

Werte Leser und Leserinnen,

die Idee zu diesem Buch ist vor zwei Jahren entstanden. Zu dieser Zeit erschien in der Stuttgarter Zeitung ein spannender Artikel über Henning Beck, der mit seinem Vortrag „Speed up your mind" wieder einmal einen Science Slam gewonnen hatte. Irgendetwas in meinen Gedanken hat „klick" gemacht, Sie kennen das sicherlich, – es war ein Gedankenblitz. Ich habe mir die Frage gestellt, ob die beiden Fachgebiete – Hirnforschung auf der einen Seite und Verhandlungsexpertise auf der anderen Seite - miteinander verbunden werden können und ob daraus Erkenntnisse entstehen, die für jeden Menschen, der am Verhandlungstisch sitzt, wertvoll sein können. Meine Hoffnung war, dass ich durch neues Wissen meine Verhandlungen würde weiter perfektionieren können. Henning Beck und ich haben daraus ein Projekt entwickelt und „im Feld geforscht". Workshopteilnehmer, Studenten und professionelle Verhandler waren die „Versuchskaninchen" der Experimente, die auf die GRASP Verhandlungsmethode von Dr. Melanie Billings-Yun referenzieren. Informieren Sie sich über die Erkenntnisse, die wir gewonnen haben. Entscheiden Sie selbst, was davon für Sie wertvoll ist und profitieren Sie für

Ihre eigenen Verhandlungen. Hier informieren Sie sich nicht nur über die Zusammenhänge zwischen Emotion und Verhandlungsergebnissen, sondern stolpern auch immer wieder über humorvolle kleine Episoden. Das regt gleichzeitig – quasi nebenbei – Ihre Gehirnaktivität an. Ein Buch - doppelter Nutzen.

Birgit Hauser

Hinweis: Die im Buch gewählte männliche Form bezieht immer gleichermaßen weibliche Personen ein. Auf eine Doppelbezeichnung wurde aufgrund einfacher Lesbarkeit verzichtet.

I. Die GRASP Verhandlungsmethode

Melanie Billings-Yun, eine der weltbesten Verhandlerinnen seit zwanzig Jahren, hat in ihrem Buch „Beyond Dealmaking – five steps to negotiating profitable relationships" eine überaus wirkungsvolle und einfache Methode – die GRASP Methode - beschrieben, mit der jedermann verhandeln (lernen) kann. Das Besondere daran ist, dass Verhandler mit der GRASP Methode immer auch die Beziehung zum Gegenüber im Fokus haben. Ganz egal, wie sehr Verhandler miteinander um Lösungen streiten, eigene Ziele verfolgen und Vorteile für sich selbst erringen: Das erklärte Bestreben nach einer langfristigen, belastbaren Beziehung zum Gesprächspartner bleibt im Zentrum allen Handelns. Damit verabschiedet man sich vom einseitigen, kurzfristigen Erfolgsstreben und richtet zudem den Blick über den aktuellen Verhandler-Tellerrand in die Zukunft.

Jemanden so unter den Tisch zu verhandeln, dass man selbst als Sieger hervorgeht, ist gar nicht so schwer. Kurzfristig gewinnt man. Langfristig jedoch bezahlt man einen hohen Preis für den aktuellen Sieg, wenn der Verlierer nichts mehr mit einem zu tun haben möchte. Es gibt so gut wie keine „Einmal-

Geschäfte", bei denen es vollkommen egal wäre, wie man mit dem Gesprächspartner am anderen Ende des Tisches umgeht.

Abbildung 1
Quelle: www.negotiatons.com, letzter Zugriff am 24.10.2012

Der Begriff GRASP besteht nicht nur aus fünf Buchstaben, sondern ist ein Verb, das aus dem Englischen übersetzt: to grasp → etwas verstehen, an etwas festhalten bedeutet. Es geht darum zu verstehen, was allen Personen am Verhandlungstisch wichtig ist, was jeder Anwesende erreichen möchte und wie mögliche Lösungen aussehen können, was als fair erachtet wird, welche Alternativen es gibt und wie man seine Gesprächspartner für sich gewinnen kann.

Jeder verhandelt jeden Tag.

Damit Sie dies in fünf Schritten klar strukturiert und wirkungsvoll tun können, finden Sie im Anhang den GRASP Verhandlungsplaner[1], mit dem Sie Ihre eigenen Verhandlungen professionell vor- und nachbereiten. Nur zu - Sie können es. Sehen Sie sich jetzt die einzelnen Schritte etwas näher an. Vielleicht haben Sie bereits eine eigene Verhandlungssituation vor Ihrem geistigen Auge. Dann machen Sie sich gleich Notizen, sobald Ihnen bei den einzelnen Schritten Ideen in den Sinn kommen.

---

[1] Quelle: M. Billings-Yun, Beyond Dealmaking – five steps to negotiating profitable relationships, Jossey Bass, imprint WILEY Verlag, 2010, S.257 - 262

Goals - Ziele

Das G in GRASP steht für GOALS (Ziele)

Selbst klare Ziele zu haben und so genau wie nur möglich über die Ziele der anderen Bescheid zu wissen, bedeutet Ziele zu erreichen. Vielleicht fragen Sie sich nun, wie Sie denn über die Ziele Ihrer Verhandlungspartner Bescheid wissen können? Nun, zum einen hypothetisieren Sie, zum anderen fragen Sie.

Ein Beispiel

Ein Zahnarzt will in eine neue Behandlungseinheit investieren. Kosten hierfür ca. 60.000 Euro. Er geht zu dem Lieferanten, der ihn schon seit zwanzig Jahren beliefert. Dieser bietet die Einheit mit einem Rabatt von 4 Prozent für 57.600 Euro an.

Der Zahnarzt holt ein zweites Angebot ein. Der Mitarbeiter von Super-Dental kommt in die Praxis und stellt zuerst viele Fragen:

Souverän verhandeln auf Augenhöhe
Das GRASP Experiment

MA: Was ist denn der Grund dafür, dass Sie jetzt eine neue Behandlungseinheit kaufen wollen?

Dr. Zahn: Die Einheit in meinem dritten Behandlungszimmer ist schon ziemlich alt. Ich habe Sorge, dass ich bald nicht mehr damit arbeiten kann.

MA: Aha, Ihnen ist also wichtig, dass Ihr Praxis-betrieb ohne Einschränkung in allen drei Räumen weiterläuft. Was noch?

Dr. Zahn: Ja, natürlich will ich gerne in allen Räumen mit der neuesten Technik arbeiten.

MA: Verstehe. Was genau heißt das für Sie?

Dr. Zahn: Die Einheit muss die Komponenten x,y,z haben und ein integriertes AB, somit kann ich xyz Behandlungen zeitsparender durchführen.

MA: Ja. Zeitersparnis ist natürlich ein Punkt, der für Sie große Bedeutung hat. Damit werden Sie noch profitabler arbeiten. Was noch?

Dr. Zahn: Oh, gut dass Sie fragen: Mir ist wichtig, dass der Einbau so erfolgt, dass meine Patienten davon nichts mitbekommen.

MA: Verstehe. Was muss sonst noch sichergestellt werden?
Dr. Zahn: Relativ kurze Lieferzeit. Ich möchte gerne noch in diesem Jahr investieren. Wie schnell können Sie liefern?

MA: Welcher Termin wäre Ihnen denn am liebsten?
Dr. Zahn: Ende November. Die neue Einheit soll in Raum 1 instal-

liert werden, jene von Raum 1 in Raum 3 und die alte Einheit von Raum 3 soll entsorgt werden.

MA: Das ist auf jeden Fall machbar.

Dr. Zahn: Schön. Wieviel soll das alles kosten?

MA: Vorab noch eine Frage in Bezug auf die Investition, Bezahlung und Finanzierung: Gibt es da Punkte, die Ihnen besonders wichtig sind?

Dr. Zahn: Ja. Ich möchte die Einheit gerne zu fünfzig Prozent bar bezahlen und den Rest über drei Jahre finanzieren.

MA: Auch diese Konstellation bieten wir manchmal an. Nicht alle Zahnärzte können bzw. wollen fünfzig Prozent bar bezahlen. Das spricht für Ihre gutgehende Praxis. Ich schicke Ihnen bis morgen ein maßgeschneidertes Angebot zu. Dann besprechen wir, ob wir tatsächlich an alles gedacht haben oder ob noch der eine oder andere Punkt zu optimieren ist.

Der Mitarbeiter von Super-Dental hat durch sein Interesse sowie durch kluge Fragen als auch eine geschickte Gesprächstechnik sehr viel über die Ziele des Zahnarztes erfahren. In dieser Phase ist es wichtig, nicht sofort mit Lösungsvorschlägen zu kommen, sondern sich zuerst einmal zurückzunehmen, Fragen zu stellen und Informationen zu sammeln.

Souverän verhandeln auf Augenhöhe
Das GRASP Experiment

Ziele Zahnarzt	Ziele Lieferant
Modernste Technik	Größtmöglicher Umsatz noch im laufenden Geschäftsjahr
Lieferung im November	Zufriedener Kunde
Reibungslose Installation	Installation wird durch Sub-Unternehmer vor Ort durchgeführt
50% Finanzierung /50 % Barzahlung	Kunde, der rechtzeitig seine Rechnung bezahlt, zufrieden ist und Super-Dental weiterempfiehlt
Apfelgrünes Design	Apfelgrün ist erst im Januar lieferbar
Keine Filmaufnahmen im Praxisbetrieb, Videoleute „kontaminieren" die Praxisräume	Werbeagentur soll den neuen Imagefilm vor Ort drehen dürfen (weil Praxisräume so elegant und neu); Zeitaufwand ca. 2 Tage
Schulung Mitarbeiter	

Jetzt stellt sich die interessante Frage, ob alle Ziele gleich wichtig sind. Stellen Sie sich vor, Sie wären an der Stelle des Zahnarztes und müssten nun Ihre Ziele kategorisieren - in kurz-, mittel- und langfristige. Wie würden Sie entscheiden?

„Wenn ein Seemann nicht weiß, welches Ufer er ansteuern muss, dann ist kein Wind der richtige."[2]

Sich so genau wie möglich über seine eigenen Ziele und deren Priorisierung im Klaren zu sein, ist für ein erfolgreiches Verhandlungsergebnis ebenso unabdingbar, wie Hypothesen über die Ziele und Interessen des Gesprächspartners anzustellen. Es scheint, als müssten wir furchtbar viel Zeit in die Vorbereitung investieren, doch wer das tut, ist im Vorteil und in der Lage, kreativ und partnerorientiert mögliche Wege aufzuzeigen, wie letztendlich ein Konsens zu einem Thema entstehen kann.

---

[2] Lucius Annaeus Seneca (4 v.Chr. - 65 n.Chr.), röm. Philosoph und Dichter

Souverän verhandeln auf Augenhöhe
Das GRASP Experiment

Routes – Optionen

Das R in GRASP steht für ROUTES (Handlungsmöglichkeiten)

Viele Wege führen nach Rom, so auch in Verhandlungen. Doch welcher ist der Weg, der Ihrem Gesprächspartner das Gefühl gibt, dass Sie nicht nur Ihre eigenen Interessen verfolgen, sondern sich ernsthaft auch um eine Lösung seiner Probleme bemühen?

Wenn wir beim Zahnarztbeispiel bleiben, dann sieht ein möglicher Weg folgendermaßen aus:

MA: Das apfelgrüne Design ist in diesem Jahr nicht mehr lieferbar, jedoch gleich Anfang Januar. Ich weiß, dass Sie noch in diesem Jahr gerne alles fertig haben möchten, das ist jedoch aufgrund der hohen Nachfrage nach Apfelgrün nicht möglich. Wenn Sie möchten, dann liefern wir Ihnen dieses Jahr noch das weiße Design.

Dr. Zahn: Hmmm, das ist wirklich schlecht.

MA: Gut, ich verstehe, dass die Farbe noch wichtiger für Sie ist als der schnelle Liefertermin. Richtig? Dann schlage ich vor, dass wir gleich Anfang Januar den Umbau so planen, dass wir bereits am Donnerstagabend damit anfangen, sodass am Freitag alles fertig und betriebsbereit ist. Somit ist es nur ein Tag, an

Souverän verhandeln auf Augenhöhe
Das GRASP Experiment

dem Sie keine Patienten in der Praxis empfangen können und der Ausfall ist so gering wie möglich. Dann kann die Schulung für Sie und Ihre Mitarbeiter am Samstag erfolgen. Für den darauffolgenden Montag kommt den ganzen Tag ein Techniker in Ihre Praxis, damit Sie sofort jemanden vor Ort haben, der bei Problemen unverzüglich eingreifen kann.

Dr. Zahn: Mir ist Apfelgrün und die Lieferung im November gleich wichtig. Mit Ihrem Wettbewerber würde das klappen. Gibt es wirklich keine Möglichkeit?

MA: Was halten Sie von folgendem Vorschlag? Wir liefern weiß im November und tauschen dann im Januar aus, sobald apfelgrün lieferbar ist. Das bedeutet zwar für uns einen höheren Aufwand, aber wir könnten so Ihre Wünsche zu fast 100 Prozent erfüllen.

Dr. Zahn: Das wäre gut. Kommen dadurch extra Kosten auf mich zu?

MA: Nein, für Sie nicht. Sie kaufen bei uns schon seit fünfundzwanzig Jahren Ihre Behandlungseinheiten, deshalb erfüllen wir ohne Mehrkosten Ihren Farbenwunsch. Damit drücken wir unsere Wertschätzung für die lange und gute Geschäftsbeziehung aus. Jedoch ist der Preis von 60.000 Euro alles inklusive dann effektiv nicht mehr verhandelbar.

Wenn Ihre Gesprächspartner das Gefühl haben, dass Sie immer auch deren Interessen im Blick haben, werden Sie als integrer und glaubwürdiger Verhandlungspartner wahrgenommen.

Arguments – Argumente

Das A in GRASP steht für ARGUMENTS (Argumente)

Hier geht es viel weniger darum, Eigenschaften des Produktes oder die Qualität der Dienstleistung anzupreisen, Sie liefern im dritten Schritt vielmehr nachvollziehbare Erklärungen, warum Ihre Vorschläge fair, nachvollziehbar und für beide Seiten vorteilhaft sind.

Wir bleiben wieder beim Zahnarztbeispiel. Warum glauben Sie, bezahlt der Zahnarzt den um 3.400 EUR höheren Preis bei Super-Dental?

Super-Dental hat verstanden, dass für den Zahnarzt die unterbrechungsfreie Behandlungsmöglichkeit wichtiger ist als der Preis. Sie bieten ihm Installation, Schulung und technische Unterstützung über ein Wochenende an - sozusagen eine Rund-um-Sorglos-Garantie. Der „weiß-apfelgrüne Austausch" zeigt, dass Super-Dental wirklich daran interessiert ist, die Wünsche des Zahnarztes zu erfüllen. Super-Dental liefert nachvollziehbare Erklärungen dafür, warum auf die Summe von 60.000 Euro kein Rabatt gewährt wird. Der Zahnarzt empfindet dies als fair und kann die Kalkulation nachvollziehen, daher ist er bereit, den Preis zu bezahlen.

„Weil wirkt eben Wunder". Das nützt sogar im Gespräch mit der Polizei, zumindest vor Jahren. Eine junge Sekretärin fuhr mit ihrem Auto um zwei Uhr morgens von einer Party durch die Stadt nach Hause. Sie bemerkte hinter sich einen kleinen Lieferwagen, ähnlich einem VW-Bus, der ihr die ganze Zeit folgte und ziemlich dicht auffuhr. Je länger der Bus hinter ihr war, desto mehr Angst bekam sie und fuhr bei Rot über eine Ampel. Die Straßen waren menschenleer und sie dachte, so könnte sie den lästigen Fahrer hinter sich „abwimmeln". Natürlich blinkte genau in diesem Moment das Blaulicht auf, der Bus überholte sie und sie wurde angehalten. Es war die Polizei.

„Herr Polizist, Gott sei Dank, dass Sie es sind. Ich hatte schon so fürchterliche Angst, dass ein Irrer hinter mir herfährt, dass ich nur noch vor diesem Auto flüchten wollte. Ganz allein im Auto und um diese Zeit - man liest ja immer wieder von Verbrechen in der Zeitung. Bin ich froh, Sie und nicht einen Verrückten zu sehen."

Sie konnte glaubwürdig erklären, dass sie aus lauter Angst über die rote Ampel fuhr. Die Beamten stellten ihre Personalien fest und ließen sie ohne Strafe weiterfahren.

Ein weiteres Beispiel:

Einheimischen-Phänomen

In einem westlichen Bundesland in Österreich werden bei einem Umbau die Elektroarbeiten ausgeschrieben. Üblicherweise - und genau das ist das „Einheimischen-Phänomen" – werden die Arbeiten in geschätzten 85 Prozent aller Ausschreibungen an ein Unternehmen, das in der Region ansässig ist, vergeben. Selbst dann, wenn die einheimischen Angebote teurer sind, als jene der weiter entfernten Firmen.

Das wollte in unserem Beispiel die Firma ABC, die 80 km entfernt ist, endlich einmal unterbrechen, um einen Fuß in die Region zu setzen. Sie gibt also ein gut und fair kalkuliertes Angebot ab (in etwa vergleichbar mit den anderen vier Angeboten, die unterbreitet wurden). Gesamtvolumen ca. eine Viertel Million Euro. Vorab sollten Sie wissen, dass nur solche Anbieter zu Vergabegesprächen eingela-

Souverän verhandeln auf Augenhöhe
Das GRASP Experiment

den wurden, deren Angebote schon zuvor einer genauen Prüfung unterzogen und für geeignet befunden wurden. Sehen Sie sich folgenden Dialog der Vergabeverhandlung mit Architekt und Bauherrin an:

ABC: Vielen Dank, dass ich mein Angebot heute im Rahmen der Vergabegespräche präsentieren darf. Sie sehen, dass wir zu hundert Prozent den Anforderungen, die Ihr Architekt an uns gestellt hat, entsprechen. Es ist sehr fair und für mich knapp kalkuliert, denn ich möchte wirklich gerne in dieser Region einen Auftrag erhalten. Bis jetzt war es immer so, dass wir zwar häufig eingeladen wurden, ein Angebot abzugeben, jedoch immer die einheimischen Firmen den Zuschlag erhielten. Da ein Viertel meiner Arbeiter hier aus der Gegend kommt, bin ich auch aus diesem Grund stark daran interessiert, für Sie die Elektroarbeiten auszuführen. Daher biete ich Ihnen jetzt noch einmal fünf Prozent Preisreduktion an. Das gilt aber nur, wenn Sie jetzt – in diesen Minuten – unterzeichnen und uns den Auftrag erteilen.

Bauherrin: Das ist sehr großzügig von Ihnen. Ich würde gerne heute Abend entscheiden, sobald ich auch mit den anderen vier Anbietern gesprochen habe.

ABC: Sie verstehen sicherlich, dass ich diese fünf Prozent tatsächlich nur anbieten kann, wenn Sie sich jetzt entscheiden. Sonst werde ich lieber bei der ursprünglichen Summe bleiben und Ihre Entscheidung heute Abend abwarten.

Bauherrin: Bei dieser Preisreduktion kann ich nicht Nein sagen. Ich bin ja auch meinen Gesellschaftern verpflichtet. Geben Sie her, ich unterschreibe UND ich unterschreibe gerne. Auf eine gute Zusammenarbeit.

Der Verhandler der ABC Firma hat diesen Dialog in einem telefonischen Interview am 21. Januar 2013 geschildert. Er ist der Überzeugung, dass er den Auftrag aufgrund von zwei wesentlichen Punkten erhalten hat:

a) Die Chemie stimmte vom ersten Augenblick an zwischen ihm und der Auftraggeberin.
b) Er hat **nachvollziehbar begründet**, warum er weitere fünf Prozent Nachlass anbietet.

Hier eine Faustregel:

Eine Hand hat auch nur fünf Finger. Wenn Sie mehr als fünf Argumente hintereinander aufzählen, ohne ihrem Gesprächspartner Gelegenheit zu geben, zu jedem Argument Fragen zu stellen, kann das Ihren Gesprächspartner überfordern. Er kann sich schlicht nicht an alle erinnern. Auch Claudia Kimich empfiehlt, Argumente sparsam einzusetzen.[3]

---

[3] Vergl. Kimich, Claudia, „Um Geld verhandeln", Verlag C. H. Beck, München, 2010, S.81

Substitutes – Plan B

Das S in GRASP steht für SUBSTITUTES (Plan B)

Wenn Sie feststellen, dass Sie Ihre Ziele in einer Verhandlung gar nicht erreichen können und Sie keinen Plan B haben, dann sind Sie in einer ziemlich unangenehmen Situation. Es ist klug, sich zu überlegen, was Sie tun können, wenn sich das Gespräch nicht so entwickelt, wie Sie sich das wünschen. Wer sich schon vor einer Verhandlung im vierten Schritt der GRASP Methode – denn das S steht für SUBSTITUTES - mögliche Alternativen überlegt hat, der hat mehrere Vorteile:

a) Er ist geschützt davor, Zugeständnisse zu machen, nur um den Deal unter Dach und Fach zu bekommen.
b) Er verliert viel weniger Zeit und muss sich – sollten Gespräche scheitern - nicht erst mühsam andere Möglichkeiten überlegen bzw. neue Vorgehensweisen entwickeln.
c) Mit mehreren Möglichkeiten im Hinterkopf fällt es Ihnen viel leichter, NEIN zu Vorschlägen zu sagen, die Ihnen nur wenig entge-

genkommen. Sie bewahren sich Ihre innere Unabhängigkeit, das Gespräch einfach zu beenden. Und genau diese innere Unabhängigkeit ist es, die Ihnen in Gesprächen Sicherheit und Souveränität gibt.

Ein Beispiel

Eine Unternehmensberaterin hat einem mittelständischen Unternehmen ein Angebot für eine Beratungsleistung unterbreitet, das mit den Worten „Viel zu teuer" kommentiert wurde. Sie beendete das Gespräch mit folgenden Worten:

„Meine Herren, mein Angebot ist fair kalkuliert und ich habe Ihnen den Wert der einzelnen Positionen im Detail beschrieben. Offenbar haben Sie nicht das Budget für eine professionelle Beratungsdienstleistung zu Ihrem Thema xy. Auch eine ‚Version light' kommt für Sie nicht in Frage. Daher macht es keinen Sinn für uns, hier weiter zu verhandeln. Ich freue mich, wenn Sie mich zu einem späteren Zeitpunkt wieder kontaktieren. Vielen Dank."

Das war ein klares, souveränes Statement gekoppelt mit einem demonstrierten Selbstbewusstsein. Seht her, ich weiß, was meine Leistung wert ist.

Ja, wir trachten immer nach der besten Lösung und vergessen dabei, dass es ja noch die zweitbeste Lösung gibt. Fischer, Ury und Patton widmen der „Besten Alternative"[4] in ihrem Buch einen ganzen Abschnitt und sagen, dass es bei jeder Verhandlung eine Realität gibt, die eben nicht zu ändern ist.

---

[4] Vergl. Fischer, Ury, Patton, Das Harvard Konzept, 22. Auflage, Frankfurt, Campus Verlag, 2004, S.143

Persuasion – Überzeugung

Das P in GRASP steht für PERSUASION (Überzeugung)

Wie gelingt es, andere für sich zu gewinnen? Was ist der Grund dafür, dass manche Menschen so überzeugend sind und andere wiederum nicht?

Auf einen einfachen Nenner gebracht basiert die Kunst, andere für sich zu gewinnen, auf zwei Säulen:

> a) Zeigen Sie Ihrem Gegenüber, welchen Nutzen er hat, wenn er mit Ihnen Geschäfte macht und nicht mit Ihrem Mitbewerber.

> b) Verwenden Sie – wann und wo immer Sie können – die affirmative, positive[5] Sprache und nehmen Sie Rücksicht auf die „kommunikativen Bedürfnisse" Ihres Gegenübers (siehe auch Kapitel IV, Goldenes Wörterbuch für Verhandler).

---

[5] Billings-Yun, Melanie, Beyond Dealmaking – five steps to negotiating profitable relationships", San Francisco, Jossey Bass (imprint WILEY Verlag), 2010, S.232

Auch hier wieder ein Beispiel

Die Marketingabteilung einer mittelgroßen europäischen Stadt wollte mit einer großen Veranstaltung (1.500 geladene Gäste aus Wirtschaft und Wissenschaft) die Stadt als interessanten Standort für eine wirksame und erfolgreiche Symbiose aus Wirtschaft und Wissenschaft vermarkten. Sie hatte dazu viele gute Ideen. Zum Beispiel die, dass ein Redner die 1.500 Gäste mit einem mitreißenden Vortrag begeistert. Wie war es nun möglich, den Verantwortlichen davon zu überzeugen, dass sich die zugegebenermaßen sehr hohe Investition für einen in Relation kurzen, fünfzehnminütigen Vortrag lohnen würde.

Ganz einfach:

In zwei Telefongesprächen hat der Anbieter so genau und so konkret wie möglich erfragt, welchen Zweck der Vortrag erfüllen solle, die Wünsche und Vorstellungen des Gesprächspartners aufgenommen und daraus ein hochindividuelles, genau abgestimmtes Vortragsthema skizziert und den Preis dafür genannt. Die Marketingleute haben sich darin zu hundert Prozent wiedergefunden und in der weiteren Folge ist daraus eine sehr gute Zusammenarbeit entstanden.

Do's:

1. Erfahren Sie die Wünsche Ihres Gesprächspartners.
2. Entwickeln Sie daraus ein Angebot, das hundertprozentig passt.
3. Besprechen Sie gemeinsam, ob Ihr Vorschlag alles beinhaltet, was für Ihren Gesprächspartner wichtig ist. So erfahren Sie, ob es noch offene Punkte gibt, die übersehen wurden.
4. Nennen Sie Ihren Preis und erklären Sie genau, welche Leistungen beinhaltet sind, sodass Ihr Gesprächspartner erkennen kann, dass Ihr Angebot fair und reell ist.
5. Arbeiten Sie an Ihrer inneren Unabhängigkeit. Ein möglicher Dialog mit sich selbst könnte etwa so lauten: *„Mein Angebot ist gut und fundiert. Ich habe intensiv darüber nachgedacht, mit welchen Inhalten ich die Interessen meines Gesprächspartners treffe. Ich freue mich zwar, wenn ich den Auftrag erhalte, jedoch wäre es andernfalls auch kein Beinbruch."*

Überlegen Sie selbst, welche Aussage Sie mehr motivieren würde, Sport zu betreiben:

A) Betreiben Sie regelmäßig Sport. Damit erhalten und verbessern Sie Ihre Gesundheit.

B) Wenn Sie nicht regelmäßig Sport betreiben, riskieren Sie den Verlust Ihrer Gesundheit im Alter.

Keine Frage: Die meisten von uns lassen sich durch Aussage B eher motivieren, die Joggingschuhe anzuziehen. Menschen ticken eben so – zumindest laut Rolf Dobelli, der behauptet, dass man Menschen eher überzeugt, indem man ihnen sagt, dass sie einen Verlust vermeiden können, als mit einem möglichen Gewinn zu argumentieren.[6] Die Wissenschaft nennt das Verlustaversion.[7]

---

[6] Vergl. Dobelli, Rolf: Die Kunst des klaren Denkens, München, Carl Hanser Verlag, 2011, S.134

[7] Zit. Vergl. Dobelli, Rolf: Die Kunst des klaren Denkens, München, Carl Hanser Verlag, 2011, S.134

Quintessenz aus diesem Kapitel

- **Goals → Ziele**

Sie kennen und verstehen die Ziele aller Beteiligten, auch über die aktuelle Verhandlung hinaus. Im komplexen Wirtschaftsumfeld ist ein Denken über den Verhandlungs-Tellerrand Grundvoraussetzung für langfristigen Erfolg.

- **Routes → Handlungsmöglichkeiten**

Sie entwickeln konsequent Optionen, die allen Parteien maximalen Nutzen bringen. Sie beantworten die Frage: Wie erreiche ich meine Ziele und stelle gleichzeitig die andere Partei zufrieden?

- **Arguments → Argumente**

Sie fördern Vertrauen und Fairness mit validen Argumenten – „weil wirkt Wunder!"

➢ **Substitutes → Plan B**

Sie denken zu Ihrem Schutz über mögliche Alternativen nach. Sollte die beste Lösung nicht erreichbar sein, gibt es immerhin die zweitbeste. Ein Verhandlungsfallschirm gibt Ihnen Sicherheit und Souveränität.

➢ **Persuasion → Überzeugung**

Sie überzeugen durch einen auf Ihren Gesprächspartner abgestimmten Kommunikationsstil. Sie eignen sich fundiertes Wissen über die Verhandlungstypologien an, sodass Sie Ihre Gesprächspartner bestmöglich einschätzen können, um daraus den größtmöglichen Nutzen zu ziehen.

Frage an mich selbst

Was aus diesem Kapitel ist besonders wertvoll für meinen eigenen Alltag?

Was davon möchte ich gleich morgen umsetzen?

Welche eigenen Erfahrungen habe ich bereits gemacht, die etwas vom Inhalt dieses Kapitels widerspiegeln?

II. Das GRASP Experiment

Nach dem vorherigen Kapitel wissen Sie ja nun genau, welche Schritte Sie tun müssen, um in einer Verhandlung erfolgreich zu sein. Zunächst stecken Sie Ihr Verhandlungsziel ab: Was wollen Sie maximal erreichen, wo liegt Ihre Schmerzgrenze? Anschließend überlegen Sie sich eine Strategie, wie Sie dieses Ziel erreichen können. Wie holen Sie Ihren Verhandlungspartner mit ins Boot? Welche Optionen stehen sowohl für Sie als auch für Ihr Gegenüber zur Verfügung, worauf kann man sich einigen?

So weit, so gut. Doch das ist alles nur Theorie. Denn wenn Ihr Verhandlungsplan steht, beginnt der schwierige Teil: Sie gehen in die Verhandlung und wollen Ihr Gegenüber praktisch überzeugen (erinnern Sie sich an das vorige Kapitel: das P in GRASP, die PERSUASION). Das kann problematisch werden, denn wie oft kommt es vor, dass all Ihre schönen Pläne und Strukturen von Ihrem Gesprächspartner zerstört werden! Sie müssen improvisieren, sich neu auf Ihren Verhandlungspartner einstellen und ihn irgendwie für sich gewinnen. Aber wie? Wie geht man auf sein Gegenüber am besten ein?

Wenn man Menschen gegenübertritt, muss man immer eines bedenken: Was jemand sagt, spielt zu Beginn kaum eine Rolle. Schon nach wenigen Sekunden entscheiden wir, ob unser Gegenüber sympathisch ist oder nicht. Sie können sich das bestausgeklügelte Konzept für Ihre Verhandlung überlegen – und doch wird es am Anfang darauf ankommen, **wie** Sie auftreten, nicht **womit**. Nun kann man sich fragen: Gibt es so etwas wie die „Königs-Emotion", mit der wir unserem Verhandlungspartner gegenübertreten sollten? Wie sehr spielen eigene Gefühle überhaupt eine Rolle bei Verhandlungen? Kommt es nicht gerade bei sachlich und analytisch geprägten Verhandlungen entscheidend mehr auf die Qualität der Argumente an und weniger auf irgendein diffuses inneres Gefühl? Und was überwiegt: die Kraft der Argumente oder die Art, wie man seinem Verhandlungspartner gegenübertritt? Kann man auch mit schwachen Argumenten und einem „guten Auftreten" sein Gegenüber überzeugen?

Um dies zu untersuchen, haben wir ein „Experiment" durchgeführt. Das hört sich vielleicht abstrakt und kompliziert an, ist aber ganz einfach. Denn im Prinzip wollten wir untersuchen: Macht es einen Unterschied, ob ein Verhandelnder positiv gestimmt oder mit einer neutralen Stimmung in die Verhandlung geht? Mit diesem Experiment zielten wir somit auf die Punkte ROUTES, ARGUMENTE und PERSUASION innerhalb der GRASP-Methode. Dabei ging es uns darum zu ermitteln, wie stark der Einfluss von positiven Emotionen in einem Verhandlungsumfeld überhaupt ist und welche Rolle im Vergleich dazu der Einfallsreichtum bei Lösungsfindung und Argumentation spielt.

Natürlich könnte man erwarten, dass sich eine positive Grundstimmung (z.B. Humor, Freundlichkeit und Selbstsicherheit) auch positiv auf das Verhandlungsergebnis auswirkt. Doch Vorsicht! Niemand verhandelt wohl gerne mit einem manischen Clown, der einem seine kaum benutzte Gesichtsschminke verkaufen will! Es sollte also auch eine „Obergrenze der guten Laune" geben, ein Punkt, an dem eine Verhandlung kippen kann, weil sie unsachlich oder gar lächerlich wird. Wie überall gilt: Die Dosis macht das Gift – und auch in einer Verhandlung sollte man ein vernünftiges Gleichgewicht aus Emotion und Sachlichkeit finden. Doch wo liegt diese Grenze? Fragen über Fragen, die wir in einem simplen aber wirkungsvollen experimentellen Aufbau untersucht haben.

Wie gingen wir vor?

Um ein Experiment zu beginnen, braucht man eine These, die man untersuchen will. Unsere These lautete:

Menschen, die das binäre Denken (schwarz/weiß, entweder/oder) in ihrer Verhandlung überwinden, verhandeln erfolgreicher. Dies können sie erreichen, indem sie ihre Verhandlungsstrategie ungezwungen entwickeln und die Argumente humorvoll vortragen. Mit anderen Worten: Das Ziel unserer Messungen war die Abhängigkeit des Verhandlungserfolges von der persönlichen Gefühlslage.

Wir untersuchten das menschliche Verhalten in Verhandlungssituationen und dafür brauchten wir vor allem eines: Menschen. Besser gesagt: Freiwillige, die sich bereit erklärten, an diesem Versuch mitzumachen. Natürlich ist es ungeschickt, wenn die Teilnehmer an diesem Versuch gleich zu Beginn wissen, worum es geht. Deswegen ließen wir sie bis zum Ende des Experiments im Unklaren. Wir führten dieses Experiment zum einen mit Studenten durch, die in einem MBA-Seminar der M/O/T (School of Management, Organizational Development and Technology) der Alpen-Adria-Universität Klagenfurt in Kooperation mit dem Wirtschaftsförderungsinstitut Tirol waren, zum anderen arbeiteten wir mit Studenten des Fachbereichs Wirtschaftswissenschaften an der Universität Saarbrücken. Damit keiner der insgesamt 32 Teilnehmer wusste, was wir wirklich untersuchen wollten (nämlich, ob sich ihre Gefühlslage auf ihren Verhandlungserfolg auswirkt), erzählten wir, dass wir mit den Studenten ein Fallbeispiel durchführen möchten, mit dem sie bestimmen könnten, wie gut sie verhandeln.

Nun fingen wir mit dem Experiment an: Wir bildeten mit den Teilnehmern zwei Gruppen aus jeweils acht Teilnehmern. Während sich die eine Gruppe zehn Minuten langweilte und einen sachlichen und ziemlich einschläfernden Film betrachtete, wurde der anderen Gruppe ein witziger Vortrag präsentiert. Weder der Film noch der Vortrag hatten irgendetwas mit der folgenden Fallstudie zu tun, aber die Auswirkungen auf die Teilnehmer waren offensichtlich: Im Gegensatz zu ihren neutralen Kollegen starteten die positiv gestimmten Teilnehmer sehr erheitert und mit guter Laune in die fiktive Verhandlungssituation.

Beide Gruppen wurden wieder zusammengebracht und versetzten sich in einer Fallstudie in die Situation eines Obstbauern, der bei seinem Großhändler einen höheren Preis für sein Obst durchsetzen möchte. Die Teilnehmer sollten sich zunächst mit dieser Fallstudie vertraut machen (dazu hatten sie unterschiedlich viel Zeit) und sich überlegen, wie sie mit ihrem Großhändler verhandeln würden. Welche Argumente, welche Strategien führen wohl zum besten Verhandlungserfolg?

Wer nachlesen möchte, wie dieses Fallbeispiel konkret aufgebaut war, findet dies im Anhang des Buches. Dort lässt sich auch erkennen, dass die Fallstudie bewusst relativ offen gehalten war. So gibt es natürlich viele gute Möglichkeiten, für einen hohen Obstpreis zu argumentieren (beste Qualität, langfristige Erfahrung, schnelle Lieferung etc.). Die Teilnehmer mussten rasch überlegen, welche Argumente sie dem fiktiven Großhändler vorlegen könnten und diese stichpunktartig aufschreiben. Dabei hatten wir die Zeit für die Fallstudie und die Lösungssuche wirklich knapp bemessen. Bereits nach drei

Minuten wurde der erste Teilnehmer aufgerufen, um in einem Nebenraum eine unbeteiligte Person, die die Rolle des Großhändlers einnahm, von einem höheren Preis zu überzeugen. Dieses „Überzeugen" sollte in Form eines 1-minütigen Kurzvortrages geschehen - einem „Eröffnungsplädoyer" gewissermaßen. Alle drei Minuten wurde der nächste Teilnehmer aufgerufen, um sein Obst möglichst teuer zu verkaufen. Der letzte Teilnehmer einer Gruppe hatte also 24 Minuten Zeit zum Überlegen.

Wie misst man nun, wie „erfolgreich" eine Verhandlung war? Das war die Aufgabe des neutralen Beobachters, der den Großhändler spielte und welcher sofort im Anschluss an den Vortrag der Teilnehmer diesen bewertete. Natürlich wollten wir nur messen, wie sich die Teilnehmer der Fallstudie in Abhängigkeit von ihrem emotionalen Zustand verhielten. Der Großhändler hatte sich passiv zu verhalten, damit er das Auftreten der Teilnehmer nicht beeinflusste. Außerdem wusste der Großhändler nicht, aus welcher Gruppe (gut gelaunt oder neutral) die Teilnehmer kamen, und wir verteilten die Teilnehmer so, dass beim Großhändler immer abwechselnd ein gut gelaunter bzw. ein neutraler Teilnehmer vorsprach.

Um die Teilnehmer zu bewerten, sollte sich der Obst-Großhändler bei seiner Bewertung auf folgende fünf Punkte konzentrieren:

1. Wie sinnvoll waren die **Argumente**? Waren sie sachlich und auf die Aufgabe bezogen? Waren sie zielführend?
2. Wie **fair** waren die angebotenen Argumente? Gingen sie auf die Bedürfnisse des Verhandlungspartners (also des Großhändlers) ein?
3. Wie **freundlich** sind die Teilnehmer aufgetreten? Versuchten sie, die Stimmung aufzulockern (z.B. durch Blickkontakt, eine entgegenkommende Begrüßung o.ä.)?
4. Wie ausgefeilt war ihre **Rhetorik**, ihre (Körper-)Sprache, ihre Gestik und Mimik?
5. Wie **überzeugend** waren sie generell?

Diese fünf Kriterien wurden auf einer Skala von 1 (schlecht) bis 10 (sensationell) bewertet. Dadurch war es uns möglich, den doch relativ subjektiven Eindruck, den die Teilnehmer in ihrer Verhandlungssituation beim Obst-Großhändler hinterließen, greifbar zu machen. Zusätzlich baten wir den Beobachter, „Besonderheiten" im Auftreten zu notieren, z.B. wenn die Argumentation besonders ausgefallen oder kreativ war.

Ein Experiment macht man, um etwas zu messen, und in unserem Fall konzentrierten wir uns in der Auswertung auf die Punkte Überzeugungskraft, Zeitdruck und Argumente:

1. **Verhandlungserfolg.** Wie erfolgreich waren die Teilnehmer bei ihrem Auftritt vor dem fiktiven Obst-Großhändler? Wo lagen ihre individuellen Stärken? Entwickelten Sie eher schlagkräftige Argumente oder überzeugten Sie durch Ihr Auftreten?
2. **Zeit.** Wie wirkte sich der Zeitdruck für die Teilnehmer auf deren Verhandlungsstrategie aus? Wie lange dauerte es, bis die besten Argumente ausgearbeitet waren?
3. **Argumente.** Unterschieden sich die positiv gestimmten und die neutralen Teilnehmer in ihren Argumenten? Fanden sie unterschiedlich viele oder besonders ausgefallene Ideen, ihr Gegenüber zu überzeugen?

Durch diesen experimentellen Aufbau konnten wir den Zusammenhang zwischen emotionaler Einstellung (humorvoll gegen sachlich neutral) und dem Verhandlungserfolg bestimmen. Waren nun die gut Gelaunten besser oder überwog die argumentative Kraft der Sachlichkeit?

Was kam dabei heraus?

Die wichtigste Erkenntnis gleich am Anfang: Humorvolle Menschen mit einer positiven Grundstimmung treten in unserem Experiment überzeugender auf. Wer denkt, das liege daran, dass sie die besseren Argumente haben, wird überrascht sein, genau das ist nämlich nicht der Fall. Sie überzeugen auf anderem Wege.

Doch der Reihe nach. Konzentrieren wir uns auf die zuvor beschriebenen Auswertekriterien „Verhandlungserfolg", „Zeit" und „Argumente".

Alle 32 Teilnehmer der Fallstudie wurden von ihrem fiktiven Verhandlungspartner direkt nach ihrem Kurzvortrag auf einer Skala von 1 bis 10 bewertet. Wenn man dabei die erreichte Durchschnittspunktezahl betrachtet, sieht man bereits, dass die gutgelaunten Teilnehmer (im Folgenden etwas verkürzt als

„heiter" beschrieben) etwas besser abschnitten als die Teilnehmer der neutralen Kontrollgruppe. Während die neutralen Teilnehmer eine Durchschnittspunktezahl von 7,9 für ihren Vortrag erhielten, wurden die „heiteren" Teilnehmer im Schnitt mit 8,7 Punkten bewertet.

Dies ist natürlich kein besonders beeindruckender Unterschied, doch interessant wird es, wenn man sieht, wo die positiv gestimmten Teilnehmer ihren Vorsprung herausgeholt haben. Es war nämlich keineswegs so, dass sie in allen Punkten den neutralen Kollegen nur leicht überlegen gewesen wären, sondern im Gegenteil: Ihr Erfolg gründete auf zwei ganz besonderen Aspekten des Verhandelns.

Um das etwas besser zu veranschaulichen, sind in Abbildung 2 die Durchschnittspunktezahlen der fünf bewerteten Kriterien des Eröffnungsplädoyers separat dargestellt. Man erhält somit einen „Verhandlungsfingerabdruck" der Teilnehmer, wodurch man erkennen kann, wo die beiden Gruppen ihre jeweiligen Stärken hatten.

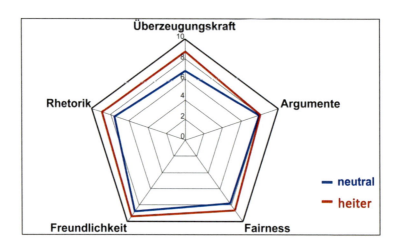

Abbildung 2
Der Verhandlungserfolg der Teilnehmer aufgeschlüsselt nach den fünf Bewertungskriterien.

Man sieht: Hinsichtlich der Kriterien „Argumente", „Fairness" und „Freundlichkeit im Auftreten" unterschieden sich die Teilnehmer kaum. Doch wenn es darum ging, die Überzeugungskraft zu beurteilen, schnitten die gut gelaunten Verhandler mit durchschnittlich 8,7 Punkten besser ab als die neutralen Kollegen (6,9 Punkte). Dies lässt sich zumindest zum Teil darauf zurückführen, dass ihre Rhetorik besser bewertet wurde als die der neutralen Teilnehmer (8,8 Punkte gegenüber 7,7 Punkten).

Hier sehen wir schon die erste entscheidende Erkenntnis dieses Experimentes: Humor und gute Laune scheinen vor allem dazu zu führen, dass man selbstsicherer und rhetorisch gefestigter verhandelt. Man findet vielleicht nicht unbedingt die faireren Argumente, aber dafür vertritt man diese umso überzeugender.

Die bisherigen Daten fassen alle Teilnehmer dieser Untersuchung zusammen, egal ob sie drei oder 24 Minuten Zeit hatten, um sich auf ihr Eröffnungsplädoyer vorzubereiten. Interessant wird es nun, wenn man sieht, wie die einzelnen Teilnehmer in Abhängigkeit von eben dieser Vorbereitungszeit abschnitten. Man könnte erwarten, dass eine gewisse Mindest-Bearbeitungszeit notwendig ist, um auch gute Argumente zu finden und sich vorzubereiten. Wer die Fallstudie zum ersten Mal liest, wird wohl kaum nach drei oder fünf Minuten eine bis ins kleinste Detail durchgeplante Verhandlungsstrategie entwerfen. „Strategische Überlegungszeit" brauchen ja die meisten. Doch zu unserer Überraschung mussten wir feststellen, dass die Teilnehmer der heiteren Gruppe schon nach wenigen Minuten Bestnoten für ihr Verhandeln erzielten.

In Abbildung 3 ist daher gezeigt, wie sich die Vorbereitungszeit der Teilnehmer auf ihre Überzeugungskraft im anschließenden Vortrag vor dem Obst-Großhändler auswirkte.

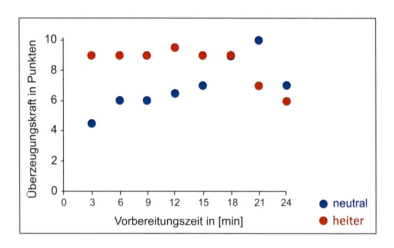

Abbildung 3
Die Überzeugungskraft der Teilnehmer ändert sich, je nachdem, wie viel Vorbereitungszeit sie für ihr Eröffnungsplädoyer hatten.

Man sieht sehr schön, wie die neutralen Teilnehmer (blaue Punkte) eine gewisse „Einarbeitungszeit" benötigten, um anschließend überzeugend aufzutreten. Wenn sie nur drei Minuten Vorbereitungszeit für ihren Vortrag hatten, so wurde deren Überzeugungskraft mit durchschnittlich 4,5 Punkten bewertet. Auch nach 12 Minuten Vorbereitung konnten sie mit 6,5 Punkten im Durchschnitt noch nicht so richtig überzeugen. Anders hingegen die heiteren Personen (rote Punkte): Auch wenn sie nur wenig Zeit hatten (und drei Minuten ist wirklich sehr knapp), konnten sie sogleich mit durchschnittlich 9 Punkten in ihrem Kurzvortrag den Obst-Großhändler überzeugen.

Interessant wird es nach 15 Minuten Vorbereitungszeit: Hier scheint die Verhandlungsleistung zu kippen, denn während die neutralen Personen im anschließenden Vortrag deutlich an Überzeugungskraft gewannen, fiel die Leistung der heiteren Personen von 9 Punkten (15 Minuten) auf einen Tiefstwert von 6 Punkten (nach 24 Minuten). Offenbar ist es tatsächlich so, dass man unter normalen Umständen etwa eine Viertelstunde braucht, um sich mit unserer Fallstudie vertraut zu machen. Deswegen schneidet man auch schlechter ab, wenn man schon nach drei oder sechs Minuten sein Eröffnungsplädoyer halten soll. Eine humorvolle Laune kann diesen Prozess jedoch beschleunigen und auch wenn man schon nach wenigen Minuten seinen Vortrag halten soll, kann man sein Gegenüber überzeugen. Allerdings scheint dieser „Effekt der guten Laune" nur vorübergehend zu sein. Nach 18 Minuten Vorbereitungszeit sinkt die Überzeugungskraft auch der vormals heiteren Teilnehmer merklich ab.

Was könnte der Grund dafür sein? Es gibt in dieser konkreten Verhandlungssituation zwei Möglichkeiten, sein Gegenüber zu überzeugen: durch sinnvolle Argumente oder durch ein gewinnendes Auftreten. Nun scheint sich in unserem Experiment die Kraft der Argumente der neutralen bzw. heiteren Teilnehmer so gut wie gar nicht voneinander unterscheiden. Hingegen treten die Gutgelaunten souveräner und selbstsicherer auf, was sich in ihrer Rhetorik niederschlägt. Genau das ist auch zu beobachten, wenn wir uns ansehen, wie die Rhetorik der Teilnehmer nach unterschiedlichen Vorbereitungszeiten bewertet wurde (Abbildung 4).

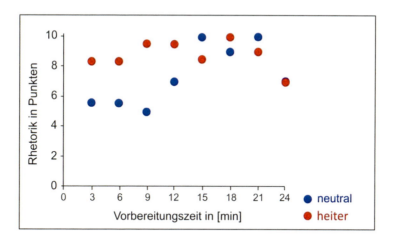

Abbildung 4
Positiv gestimmte Personen haben schon nach kurzer Vorbereitungszeit eine überzeugende Rhetorik vor ihrem Verhandlungspartner.

Auch hier wieder dasselbe Bild: Die heiteren Teilnehmer schnitten bereits nach wenigen Minuten Vorbereitungszeit gut ab, während die neutralen Personen mindestens 12 Minuten Bearbeitungszeit brauchten, um das Niveau der Heiteren zu erreichen. Offenbar waren die heiteren Teilnehmer derart positiv gestimmt, dass sie ihre gute Laune sofort in ein entsprechend sicheres Auftreten bei ihrem Kurzvortrag umwandeln konnten. Die neutralen Teilnehmer mussten sich hingegen erst mit der Aufgabenstellung vertraut machen und gewannen erst nach der Ausarbeitung die nötige rhetorische Sicherheit für ihren Auftritt. Heitere Verhandler sind also in diesem Experiment in gewissem Maße flexibler, sie können sich schneller auf eine neue Aufgabe einstellen. Ein entscheidender Aspekt, wenn es darum geht, in Verhandlungen unter Zeitdruck erfolgreich aufzutreten.

Interessant ist auch ein weiterer Punkt: Die rhetorische Klasse fällt nach 18 Minuten wieder ab, genauso wie wir es für die generelle Überzeugungskraft gemessen haben. Eine mögliche Erklärung dafür: Die Teilnehmer hatten keine Lust mehr. Man muss sich vorstellen, dass sie über 20 Minuten an ihrem Fallbeispiel gesessen hatten und dabei mit Sicherheit eine gewisse Langeweile eintrat (zumindest konnten wir das bei der Beobachtung der Teilnehmer feststellen). Dementsprechend unmotiviert traten sie auch weniger überzeugend in ihrem Kurzvortrag vor dem Großhändler auf.

Neben genereller Überzeugungskraft und dem Umgang mit dem Zeitdruck in dieser Fallstudie konzentrierten wir uns auf die Qualität bzw. die Kreativität der Argumente. Die Frage war, ob heiter gestimmte Menschen bessere - weil ungewöhnlichere - Argumente fanden. Wer dieses Kapitel bisher aufmerksam gelesen hat, wird bereits vermuten, was dabei herauskam: Nichts. Und wie zum Beweis, dass Experimente nicht unbedingt immer ein bedeutendes Ergebnis hervorbringen müssen, sei an dieser Stelle Abbildung 5 gezeigt, in der die Qualität der Argumente in Abhängigkeit von der Vorbereitungszeit dargestellt ist.

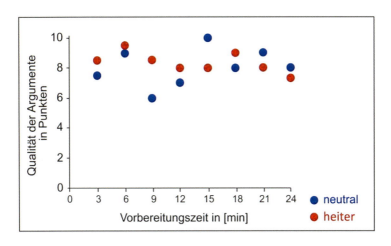

Abbildung 5
Ob Argumente gut oder schlecht sind, hängt in diesem Experiment nicht von der Vorbereitungszeit ab.

Beim besten Willen: Wir erkennen hier keinerlei Tendenz. Egal, ob die Teilnehmer drei oder 24 Minuten über ihren Argumenten brüteten, ihre Qualität unterschied sich anschließend kaum. Dazu ist zu sagen, dass alleine schon durch das Design der Fallstudie gute Argumente entsprechend naheliegend waren. Es fiel den meisten Teilnehmern (egal ob heiter oder neutral) daher nicht schwer, auch bereits nach wenigen Minuten Vorbereitungszeit einige gute Argumente zu finden.

Selbst wenn man den Faktor „Zeit" unberücksichtigt lässt und von allen Teilnehmern die Qualität der Argumente bewertet, stellt sich kein Unterschied heraus: Die Argumente der neutralen Personen wurden mit durchschnittlich 7,9 Punkten bewertet, die der heiteren Verhandler mit 8,1 Punkten.

Auch hinsichtlich der Kreativität unterschieden sich die beiden Gruppen nur wenig. Nun muss man sagen, dass der Begriff „kreatives Argument" recht schwer zu quantifizieren ist. Deswegen haben wir die fiktiven Obsthändler im Anschluss an ihre Bewertungen gefragt, ob ihnen „ungewöhnliche" oder „ausgefallene" Argumente bzw. Verhandlungsstrategien aufgefallen sind. Wenngleich wir dabei keinen Unterschied zwischen heiter und neutral gestimmten Teilnehmern feststellen konnten, wurden die ungewöhnlichsten Ideen eher nach einer langen Vorbereitungszeit von 18 oder 21 Minuten entwickelt. Damit einem eine kreative Idee einfällt, braucht es offenbar ein gewisses Maß an Vorbereitung, was aber (zumindest in unserer Fallstudie) nicht vom Gefühlszustand abhängt.

Was lernen wir daraus[8]?

Erkenntnis 1:

Heiter gestimmte Menschen sind in diesem Experiment überzeugender.

Dabei ist der Erfolg heiter gestimmter Verhandler vor allem auf ihr selbstsicheres Auftreten zurückzuführen. Ihre Rhetorik wirkt gefestigter und sie können ihre Argumente generell überzeugender vermitteln. Die Befürchtung, dass es ein „zuviel" an guter Laune

---

[8] Aus unserem kleinen Kommunikationsexperiment leiten wir Tendenzen und Hinweise für Ihr persönliches Vorgehen in Verhandlungen ab. Unser Ziel war es, einen ersten Einblick in den Zusammenhang von Emotion und Verhandlungserfolg zu gewinnen und nicht, wissenschaftliche Hypothesen statistisch valide zu verifizieren (was aufgrund der begrenzten Teilnehmerzahl auch gar nicht möglich war).

gebe, konnten wir in unserem Versuch nicht bestätigen. Auch äußerst gut gelaunte Verhandler, die nur sehr wenig Zeit für ihre Fallstudie hatten und noch unter dem Eindruck der lustigen Vorbereitung standen, konnten genauso gut verhandeln wie ihre Kollegen, die mehr Zeit hatten.

Humor und gute Laune bewirken also eine gewisse Selbstsicherheit, die beim Verhandlungspartner wahrgenommen wird. Die Motivation, eine Verhandlung erfolgreich abzuschließen, steigt gewissermaßen mit dem Ausmaß der humorvollen Stimmung an. Das ist verständlich, wenn man beobachtet, was im Gehirn bei einer humorvollen Reaktion passiert. Neuere Untersuchungen deuten darauf hin, dass ein ganz besonderes Belohnungszentrum im Gehirn (das dopaminerge System, da es Dopamin als Botenstoff verwendet) durch Witz und gute Laune aktiviert wird[9]. Dieses Belohnungssystem liegt tief im Gehirn und verbindet wichtige neuronale Schaltkreise miteinander. Wird es aktiviert, so erhöht das Großhirn seine Konzentration auf ein bestimmtes Ziel, derweil reduzieren andere Regionen das

---

[9] Bekinschtein et al, 2011

Angstgefühl und erzeugen eine starke Motivation, das fokussierte Ziel auch zu erreichen. Da kommt also alles zusammen: Konzentration, gute Laune und Motivation – dem kann sich keiner entziehen und man strebt mit maximalem Einsatz nach seinem Ziel, in unserem Fall nach einem guten Verhandlungsergebnis. Wie moderne bildgebende Verfahren der Hirnaktivität zeigen, wird eben dieses Belohnungssystem aktiv, wenn wir humorvoll gestimmt sind[10]. Humor und Witz verstärken also nicht nur die Aktivität von Emotionszentren im Gehirn, sodass wir uns besser fühlen (Stichwort „gute Laune"), sondern sie bewirken auch eine verstärkte Motivation, ein bestimmtes Ziel zu erreichen (Stichwort „Begierde").

Eine erheiterte Stimmung wirkt sich natürlich nicht immer so extrem auf dieses Belohnungssystem aus, wie soeben beschrieben, aber sie reicht aus, um eine ganz besondere Form der Motivation zu erzeugen. Man ist einfach ein wenig „wacher", ein wenig „motivierter", ein wenig „selbstsicherer" als wenn man sachlich und neutral auftreten würde. Schon ein kleiner emotionaler Schub in die richtige Rich-

---

[10] Mobbs et al., 2003

tung kann also einen großen Effekt für die Verhandlung haben.

Interessanterweise konnten wir keinen Unterschied hinsichtlich der „Freundlichkeit" im Auftreten der heiteren bzw. neutralen Teilnehmer feststellen. Man hätte ja vermuten können, dass sich die gute Laune von den heiteren Teilnehmern auf ihren fiktiven Verhandlungspartner überträgt. Obgleich dieser eine neutrale Rolle einnehmen sollte, hätte sich eine positive Verhandlungsatmosphäre durchaus in einer besseren Bewertung niederschlagen können. Auch dies konnte schon in Untersuchungen der Hirnaktivität bestätigt werden, denn je attraktiver und freundlicher ein Gegenüber bewertet wurde, desto eher sprang bei einem selbst das gerade genannte dopaminerge Belohnungssystem an[11]. Gute Laune ist eben ansteckend. Doch in unseren Tests konnten wir nicht feststellen, dass die heiteren Teilnehmer auch heiterer auftraten. Offenbar führt eine gut gelaunte Stimmung in erster Linie zu einer Verbesserung des eigenen Selbstbewusstseins, dessen (unter-

---

[11] Cloutier et al., 2008

schwellige) Signale vom Gesprächspartner wahrgenommen werden.

Erkenntnis 2:

Gut gelaunte Menschen treten in diesem Experiment sicherer auf, ohne dass sie die wirkungsvolleren Argumente haben.

Heitere und neutrale Verhandler unterschieden sich in dieser Fallstudie nicht in der Auswahl der Argumente. Zwar wurden verschiedene Argumente entwickelt, je nachdem, ob die Teilnehmer nur wenig oder viel Zeit dafür hatten, doch führte dies nicht unbedingt zu einer Qualitätsverbesserung. Es mag überraschen, dass die heitere Teilnehmergruppe in diesem Experiment nicht auf kreativere Ideen kam. Denn jüngste Forschungsergebnisse auf dem Gebiet der Psychobiologie zeigen, dass positive Emotionen die kreative Geisteskraft verstärken können. Eine angenehme Grundstimmung verbessert beispielsweise die Qualität der kreativen Ideen während eines Brainstorming-Prozesses[12]. Allerdings

---

[12] Davis, 2009

zeigen einige aktuelle Untersuchungen, dass dies nicht immer gilt: Es scheint ein Optimum an positiver Emotion zu geben und eine weitere Zunahme an positiven Gefühlen verbessert nicht die Kreativität[13]. Gehirne arbeiten eben nicht nach dem Motto „viel hilft viel", sondern sie dosieren ganz genau ihre Stimmungslagen, um bestmöglich zu arbeiten.

Entsprechend verhielten sich auch die Teilnehmer in unserem Experiment. Die heiter gestimmten Personen überzeugten in der Regel mit den gleichen bzw. ähnlichen Argumenten wie die neutralen Teilnehmer – sie waren nicht unbedingt kreativer im Erzeugen von Argumenten, sondern sie vermittelten diese „besser".

---

[13] Akbari Chermahini und Hommel, 2012

Erkenntnis 3:

Humorvolle Verhandler sind flexibel und können sich schnell auf eine neue Situation (in diesem Fall unsere fiktive Verhandlungssituation) einstellen.

Der größte Vorteil der humorvollen, heiteren Teilnehmer war ihre Flexibilität: Auch wenn sie kaum Zeit hatten, um sich mit ihrer Rolle in dieser Verhandlungssituation vertraut zu machen, konnten sie überzeugend auftreten. Im Gegensatz zu den neutralen Teilnehmern benötigten sie keine „Mindestvorbereitungszeit" von etwa 15 Minuten für ihr Eröffnungsplädoyer, sondern überzeugten auch ohne große Vorbereitung.

Erkenntnis 4:
Gute Laune geht vorbei.

Das überrascht Sie sicher nicht, denn wer ist schon schon permanent gut drauf? Interessant ist jedoch, dass der „Effekt der guten Laune", den wir bei den Teilnehmern zu Beginn noch messen konnten, nach etwa 15 Minuten komplett verschwindet. Es machte danach keinen großen Unterschied mehr, ob die Teilnehmer zu Beginn gut gelaunt waren oder nicht

– und während die neutralen Teilnehmer mit zunehmender Vorbereitung auf ihre Verhandlung an Überzeugungskraft gewannen, so sank diese für die vormals heiteren Teilnehmer ab.

Konsequenzen für das eigene Verhandeln

Diese Erkenntnisse haben konkrete Auswirkungen, wenn man sein eigenes Verhandeln verbessern möchte. Die wichtigste Botschaft: Humor wirkt in erster Linie bei einem selbst. Wenn Sie also gut gelaunt in eine Verhandlung gehen, hat das zunächst einmal den Vorteil, dass Sie sich selbst besser fühlen. – und das ist der erste Schritt, um seine Ziele zu erreichen. Humor ist daher eine Möglichkeit, um sich selbst und seine Rhetorik zu festigen. Als Verhandlungspartner senden Sie subtil die Botschaft aus: „Ich fühle mich in meiner Rolle wohl und freue mich auf die Verhandlung." Unterschwellig wird dies von Ihrem Gesprächspartner bemerkt werden. Er wird zwar nicht unbedingt erkennen, dass Sie „gut drauf" sind (schließlich war auch in unserem Experiment kein Unterschied in der Freundlichkeit des Auftretens zwischen den heiteren und den neutralen Teilnehmern zu erkennen), doch er wird ihre Lockerheit zu schätzen wissen. Somit führt Humor **indirekt** zu einem erfolgreicheren Auftreten.

Ein weiterer Vorteil des Humors: Er macht Sie *flexibel* – auch für neue Verhandlungssituationen. In unserem Experiment konnten wir zeigen, dass sich heiter gestimmte Menschen schnell auf eine neue Situation und/oder Aufgabe einstellen können. Sie bezogen ihre Überzeugungskraft aus ihrem selbstsicheren Auftreten und waren eben nicht darauf angewiesen, sachlich und analytisch neue Argumente zu entwickeln. Wenn Sie das nächste Mal selbst verhandeln, seien Sie sich daher bewusst, dass manchmal nicht das beste Argument entscheidet, sondern das beste Auftreten.

Passen Sie jedoch auf: Eine heitere Stimmung ist nicht von Dauer – und wenn Sie verhandeln, kann diese schon nach wenigen Minuten „verschwunden" sein. Ein wirkungsvolles Gegenmittel können daher Pausen sein. Pausen haben in Verhandlungen manchmal keinen guten Ruf. Sie werden unter Umständen als Eingeständnis einer Schwäche verstanden: Wer will schon eine Verhandlung unterbrechen? Wohl nur derjenige, der sich nicht wohl fühlt in seiner Haut! Doch unterschätzen Sie nicht, wie wirkungsvoll Sie eine Pause nutzen können. Sie können nicht nur Ihre aktuelle Strategie oder ein konkretes Angebot Ihres Verhandlungspartners überdenken, sondern sich auch emotional neu sammeln. Verhandlungen sind oft sehr stressig, doch durch Pausen können Sie sich dazu ermuntern, eine neue positive Emotion zu entwickeln, um die Gespräche mit neuer Selbstsicherheit fortzusetzen. Im Idealfall wirkt sich diese positive Grundstimmung auf die gesamte Verhandlungsatmosphäre aus.

Humor und gute Laune scheinen also wichtige Katalysatoren zu sein, um überzeugend aufzutreten. Doch daran schließt sich gleich die nächste Frage an: Kann man das lernen? Oder gibt es Verhandlungstypen, die diese „Überzeugungskraft" des Humors besonders gut einsetzen können? Auch hier legen Untersuchungen der Hirnaktivität nahe, dass Humor eine Frage der Persönlichkeit ist. Je nachdem, ob man eher extrovertiert oder introvertiert bzw. emotional stabil oder instabil ist, reagiert das Gehirn unterschiedlich auf eine humorvolle Situation und aktiviert verschiedene Hirnbereiche[14]. Es scheint also tatsächlich eine biologische Komponente des Humors zu geben.

„Um Himmels willen!" - mögen Sie nun sagen - „Wenn schon feststeht, wie humorvoll man ist, wie soll man sich dann verbessern können?" Seien Sie ganz beruhigt: Glücklicherweise ist das Gehirn kein statischer Computer, keine Rechenmaschine. Vielleicht haben Sie es schon bemerkt: Das Gehirn lebt! Und es verändert sich, je nachdem, welchen Input es erhält. Sie können daher Ihre Geisteskraft trainieren.

Im nächsten Kapitel können Sie sich über verschiedene Verhandlungstypen informieren. Vielleicht erkennen Sie sich ja schon auf den ersten Blick. Mit diesem Wissen machen Sie den nächsten Schritt zu einem erfolgreichen Verhandler: Sie lernen sich selbst besser kennen und entwickeln Ihr individuelles Verhandlungsprofil. Die Kunst des Verhandelns ist keineswegs angeboren, sie ist trainierbar. Und selbst

---

[14] Mobbs et al., 2005

wenn Sie es kaum für möglich halten, den stärksten Antrieb dafür bringen Sie bereits mit: ein funktionierendes Gehirn (davon darf man wohl ausgehen, wenn Sie es in Ihrer Lektüre schon bis zu dieser Seite geschafft haben). Gehirne sind wissbegierig und wollen trainiert werden.

Egal, welche Verhandlungsstrategien Sie später einsetzen werden, Humor und gute Laune werden immer dazu beitragen, dass Sie Ihre Ziele erreichen. Viel Freude dabei!

Quintessenz aus diesem Kapitel[15]

> Humorvoll gestimmte Menschen sind *selbstsicherer*. Das wirkt sich auf ihre Überzeugungsfähigkeit aus.

> Emotional positiv gestimmte Verhandler sind *flexibler*.

> Der „Effekt der guten Laune" nimmt nach ca. fünfzehn Minuten (nach Stimulation) wieder ab.

---

[15] Diese Erkenntnisse beziehen sich auf das Verhalten der Teilnehmer unseres Experimentes in ihrer konkreten Verhandlungssituation.

Frage an mich selbst

Was aus diesem Kapitel ist besonders wertvoll für meinen eigenen Alltag?

Was davon möchte ich gleich morgen umsetzen?

Welche eigenen Erfahrungen habe ich bereits gemacht, die etwas vom Inhalt dieses Kapitels widerspiegeln?

III. Sind Sie ein talentierter Verhandler?

Sie glauben zwar –Ja, sind sich jedoch nicht ganz sicher? Wie wäre es, wenn Sie Ihre Verhandlungsfähigkeiten mit denen von Profi-Verhandlern vergleichen könnten? Interessiert? Ja? Wunderbar. Denn das ist möglich! Mit der Verhandlungsperformance-Analyse.

Diese Performance-Analyse basiert auf der jahrelangen Forschungsarbeit von Petar Atanasov, Leiter des ap Institutes für Wirtschaftspsychologie in Leinfelden und wurde von ihm und Birgit Hauser gemeinsam entwickelt. Es ist ein komplexes mathematisches System, das menschliches Verhandlungsverhalten vorhersagbar machen kann.

Gerade im Verhandlungskontext ist die Kenntnis der eigenen Verhaltenspräferenzen und -fähigkeiten wichtig. Das Erkennen eigener Stärken, aber auch das Akzeptieren von Defiziten ermöglicht die Entwicklung von Strategien und Vorgehensweisen für jede individuelle Situation.

Ein Beispiel

Die Mitarbeiterin einer Non-Profit-Organisation klagte, dass sie ihre Gesprächspartner nach einem guten ersten Gesprächseinstieg häufig doch nicht dazu bewegen konnte, sich an Aktionen zu beteiligen bzw. die Organisation finanziell oder zeitlich zu unterstützen. Sie konnte sich das nicht erklären. Eine Analyse ihres Verhandlungsverhaltens ergab, dass sie eine typische Konfliktvermeiderin ist. Wenn die Gesprächspartner nicht sofort Feuer und Flamme für ihre Vorschläge waren, dann ergab sich in ihrem Inneren die Haltung „Na, dann lass es eben...". Diese Haltung, gepaart mit dem Gefühl der Ablehnung der eigenen Vorschläge, führte dazu, dass sie in einer Verhaltensspirale „nach unten" trudelte, aus der sie kaum noch herausfinden konnte. Mit jeder ablehnenden Antwort manifestierte sich in ihrem Denken die Überzeugung: „Wer nicht erkennt, für welch' tolle Organisation ich arbeite und wie wichtig diese Arbeit für die Gesellschaft ist, der soll mir doch gestohlen bleiben." Die Folge dieser Denkhaltung brachte wenig Erfolg beim Verhandeln mit Menschen.

Durch die Verhandlungsperformance-Analyse und die anschließenden Negotiation-Advisory-Gespräche erkannte sie diese Zusammenhänge und konnte nun systematisch daran arbeiten, den Fallschirmsprung (bei dem es abwärts geht) in eine Ballonfahrt (bei der es aufwärts geht) zu verwandeln. Heute gewinnt sie immer noch nicht alle Menschen für sich, mit denen sie spricht. ABER, wer kann das schon? Zumindest ist es ihr gelungen, durch eine souveräne, innere Haltung mehr Menschen für ihre Organisation zu gewinnen als je zuvor. Das genügt vollkommen.

Wissen Sie, wie Sie in Verhandlungen ticken? Wie Sie typischerweise mit Widerstand umgehen oder wie sich Ihr (oft unbewusstes) Verhalten auf Ihre Verhandlungsergebnisse auswirkt? Kennen Sie Ihre Grenzen? Was erzählt Ihnen Ihr Baugefühl?

Verschränken Sie doch einmal Ihre Arme vor der Brust. Fast alle von uns tun dies auf die immer gleiche Weise, sprich: der gleiche Arm ist immer oben.

Versuchen Sie nun, Ihre Arme genau anders herum zu verschränken. Das fällt Ihnen schon schwerer, nicht wahr? Und möglicherweise war es Ihnen bisher gar nicht bewusst, dass Sie hier eine Präferenz entwickelt haben.

Der Mensch entwickelt Präferenzen, wie er etwas tut im Laufe seines Lebens. Grundlage dafür sind die Erfahrungen, die er gewinnt, indem er sich so oder so verhält und beobachtet, womit er seine Ziele am besten bzw. am einfachsten erreicht.

So ist auch das Verhalten in Verhandlungssituationen von Verhaltenspräferenzen geprägt, nur etwas komplexer. Den meisten Menschen sind sie häufig gar nicht bewusst. Vielleicht ist Ihnen bereits aufgefallen, dass Sie in bestimmten Situationen manchmal nicht weiterkommen und wiederum in anderen Situationen mit Leichtigkeit Ihre Ziele erreichen. Woran liegt das?

Es gibt seit über fünfzig Jahren verschiedene Eignungsdiagnostiksysteme, die unter anderem in der Organisationsentwicklung, in der Personalentwicklung und im Recruiting eingesetzt werden. Einige davon basieren auf der Theorie von Carl Gustav Jung, der die Persönlichkeit eines Menschen anhand seiner Verhaltenspräferenzen beschreibt.

Es ist vorteilhaft zu erkennen, wie man selbst ist, und im zweiten Schritt zu lernen bzw. Hypothesen darüber anzustellen, wie der Verhandlungspartner bzw. der Gesprächspartner einzuschätzen ist. Thomas Robrecht zitiert in seinem Aufsatz „Verhaltensweisen und Persönlichkeitsmodelle" C.G. Jung mit folgendem Satz:

„Jedes Urteil, das ein Einzelner fällt, ist von seinem jeweiligen Persönlichkeitstypus beeinflusst. Daher ist jeder Standpunkt notwendigerweise ein relativer Standpunkt."[16]

Durch die Potenzialanalyse erhalten Sie auch den interessanten Vergleich zwischen Ihren Eigenschaften und den Verhandlungsfähigkeiten vieler professioneller Berufsverhandler, aus denen das Referenzprofil entstanden ist. So können Sie erkennen, welchen Wert zum Beispiel ein professioneller Verhandler bei der Eigenschaft „Binäres Denken überwinden" hat und wie Ihr eigener Wert im Vergleich da-

---

[16] Quelle, Zit:
http://www.sokrateam.de/download/sokrateam_persoenlichkeit_verhalten.pdf, letzter Zugriff 18.03.2013

zu ist. Das Referenzprofil wurde aus vielen Profilen von Profi-Verhandlern (separat männlich und weiblich) erstellt. Wer mehr über die Unterschiede weiblicher und männlicher (Verhandlungs)-Kommunikation erfahren möchte, dem seien manche Texte von Deborah Tannen empfohlen.

Die Beschreibung und die Beschäftigung mit den unterschiedlichen Verhandlungstypen ist sinnvoll, um herauszufinden, welcher Typus bei einem selbst eher dominant ist, welche Stärken sich daraus ergeben und welche Defizite. Dieser Blick alleine genügt natürlich nicht, gibt jedoch Orientierung, in welchen Bereichen Sie Ihre Fähigkeiten weiterentwickeln sollten.

„Hardfacts sind die Ergebnisse der Wechselwirkungen der Soft Skills! Alles ist mit Allem verbunden. So ist jedes Teil des Ganzen lediglich eine Kombination aus allen anderen Teilen." [17]

(Petar Atanasov)

---

[17] Peter Atanasov, während eines Vortrages in Stuttgart, 19.02.2013

Es gehört zum Grundverständnis eines erfolgreichen Verhandlers, den Verhandlungspartner aufmerksam zu beobachten. Alles, was er tut, wie er sich verhält, welche Sprache er spricht, ist wichtig für Sie. Damit ist nicht das profane „Lesen der Körpersprache" gemeint, wenngleich auch dies in der einen oder anderen Hinsicht „erleuchtend" ist. Beobachten Sie vielmehr die Art, wie direkt oder indirekt Ihr Gesprächspartner zum Kern des Themas kommt. Spricht er laut oder bevorzugt er die leisen Töne, spricht er schnell oder langsam, welchen Habitus legt er an den Tag? Mit Gespür und feiner Beobachtungsgabe erfahren Sie mehr als Sie denken. So können Sie einen adäquaten Verhandlungs- und Kommunikationsstil an den Tag legen und sich ganz auf Ihren Gesprächspartner einstellen. Sie werden sehen, dass es sich lohnt, die eigene Beobachtungsgabe zu schärfen.

Die besten Verhandler sagen unisono, dass das „sich Einstellen auf den Gesprächspartner" eines der wichtigsten Erfolgskriterien ist. Nur wenn Sie erkennen, was Ihrem Verhandlungspartner wirklich wichtig ist, können Sie entsprechende Vorschläge zur Lösung differierender Auffassungen unterbreiten, die der andere auch annehmen kann. Was nützt es, wenn Sie zwar die kreativsten Ideen zur Lösungsfindung entwickeln, diese aber bei Ihrem Gesprächspartner nicht auf fruchtbaren Boden fallen?

Nachfolgend sind vier verschiedene Typen beschrieben, die wir mit Bezeichnungen aus dem Bergsport versehen haben. Vielleicht glauben Sie bereits, sich auf den ersten Blick zu erkennen. Doch Vorsicht! Niemand ist zu 100 Prozent einer Typologie zuordenbar. Wir alle haben von allen Typen etwas in uns. Meist ist jedoch ein Typus deutlicher ausgeprägt. Verhaltensweisen sind immer auch im Kontext der jeweiligen Situation zu betrachten.

Die nachfolgende Darstellung[18] basiert auf dem Wissen und den Beschreibungen von P. Atanasov (Lebensmodelle), M. Billings-Yun, C.G. Jung, F. Riemann und T. Robrecht und ist in dieser Zusammen-

---

[18] Quellen: Billings-Yun, M., Beyond Dealmaking – five steps to negotiating profitable relationships, Verlag WILEY, 2010, www.beyond-dealmaking.com/ Jung, C.G., Psychologische Typen, Gesammelte Werke ; Bd.6, Olten u.a. 1971/Riemann, F., Grundformen der Angst, Verlag: Reinhardt; 39. Auflage 2009/ Thomas Robrecht, Von Hippokrates zu C.G. Jung, 2007, www.sokrateam.de/download/sokrateam_persoenlichkeit_ver halten.pdf, letzter Zugriff 07/2012

setzung (nach unserem Wissen) noch nie veröffentlicht worden. Sie soll Ihnen bei der Einschätzung Ihrer Gesprächspartner hilfreich sein. Nicht nur durch die Einschätzung alleine, sondern auch durch die Sicherheit, die Sie dadurch gewinnen.

- **Bergführer**
- **Gipfelstürmer**
- **Erstbesteiger**
- **Sherpa**

Bergführer

Der Bergführer agiert selbstbestimmt und introvertiert, sein Ziel ist es, alle Expeditionsteilnehmer auf den Gipfel zu bringen (Gewinn). Wenn er das schafft, ist er stolz auf sich selbst und seine Leistung. Er strebt nach dem Respekt in der Gruppe und ist zufrieden, wenn die Teilnehmer seiner Bergtouren seine Anweisungen befolgen. Dazu muss er mentale Kontrolle ausüben und strukturiert vorgehen. Er kann besonders gut planen, behält den Überblick, ist absolut auf den Gipfelsieg fokussiert, dabei agiert er konzentriert, ist entschlossen und kann sich sehr gut durchsetzen. Er braucht das Gefühl, die Kontrolle zu behalten und macht keinen Schritt zu viel, denn das würde nur unnötig Kraft kosten. Er bewegt sich langsam und achtsam mit einer inneren Würde. Seine Gestik ist nicht ausgeprägt und seine Bewegungsabläufe sind abgehackt. Der Bergführer setzt oft ein Pokerface auf. Wenn die Dinge nicht so laufen, wie er sich dies vorstellt, zum Beispiel in Situationen, in denen er seine Stärken nicht ausleben kann, kann er durchaus arrogant, misstrauisch und stur werden - nach dem Motto „Dann soll doch jemand anderer die Aufgabe übernehmen."

Souverän verhandeln auf Augenhöhe
Das GRASP Experiment

Wenn Sie mit einem *Bergführer* verhandeln, dann sollten Sie ihm das Gefühl geben, die Kontrolle zu haben, ihm genügend Zeit geben, um zu überlegen sowie detailreich und logisch Möglichkeiten aufzeigen, mit denen er seine Ziele erreichen kann. Zeigen Sie Respekt für das, was ein Bergführer bisher in seinem Leben erreicht hat und arbeiten Sie diszipliniert alle Punkte Ihrer Agenda ab, ohne zu viel Smalltalk rundherum.

Der Bergführer ist vollkommen bereit, die Verantwortung für seine Verhandlungsergebnisse zu tragen.

[!] Sind Sie selbst der Bergführer-Typ?

Wenn Sie selbst auffallend viele Bergführer-Eigenschaften bei sich erkennen, dann machen Sie sich bewusst, dass nicht alle Menschen so strukturiert, genau und perfekt sind wie Sie.

Ein Beispiel

Ein Ingenieur der Elektrotechnik bei einem global tätigen Konzern hat seine Aufgaben immer zu 130 Prozent erfüllt und war ganz besonders mit seiner

Arbeitsweise zufrieden. Sein Vorgesetzter hat ihn über viele Jahre nicht befördert. Warum? Den Kunden des Unternehmens war eine 90- bis 95-prozentige Arbeit vollkommen genug. Die 130 Prozent verursachten mehr Kosten, die den Kunden nicht in Rechnung gestellt werden konnten.

Es mag hilfreich sein sich vorzustellen, dass das Ergebnis einer Verhandlung zwischen einem Bergführer und einem Gipfelstürmer ganz besonders nachhaltig und profitabel für beide Seiten sein kann. Der Gipfelstürmer „rauscht" emotional und begeistert los, übersieht dabei aber wichtige Prozessschritte, die Sie wiederum bedächtig und aus allen Perspektiven beleuchten.

Als Bergführer wissen Sie immer genau, was Sie wollen und Ihnen sind Bestätigung und Respekt wichtig. Wenn Ihnen also jemand gegenübertritt und Ihnen zu wenig Respekt entgegenbringt, dann bleiben Sie gelassen und konzentrieren Sie sich auf die einzelnen Punkte Ihrer Agenda.

Eine Schwäche der Bergführer ist, dass sie andere nicht gründlich und ausreichend informieren und oft kein positives Feedback geben, das gerade in Verhandlungen so wichtig ist. Als Bergführer-Typ laufen

Sie Gefahr, aggressiv zu werden, wenn Ihr Gesprächspartner nicht sofort von Ihren Vorschlägen angetan ist und uneinsichtig auf seiner Meinung beharrt. Sobald Ihnen das bewusst ist, fällt es Ihnen leichter, entspannt und gleichmütig zu bleiben.

Überlegen Sie:

Haben Sie in Ihrem wirtschaftlichen Umfeld mit einem Bergführer zu tun?

Wer könnte ein Bergführer sein und welches Kommunikationsverhalten fällt Ihnen an ihm/ihr auf?

Wie bereiten Sie sich auf Ihr nächstes Gespräch am besten vor, wenn Sie einen Bergführer überzeugen bzw. begeistern möchten?

      a) von einer Idee
      b) für eine Aufgabe
      c) für ein gemeinsames Projekt

Gipfelstürmer

Der Gipfelstürmer ist ein extrovertierter, fremdbestimmter Mensch, der sich am wohlsten in einer Gruppe fühlt, wo er Anerkennung für seine Leistungen erhält. Ihm ist eine gute, emotionale Beziehung zu den Menschen wichtig, mit denen er zu tun hat. Auch Geselligkeit ist ihm wichtig. In Gruppen und in Wettkampfsituationen fühlt er sich wohl. Er kann überaus gut verkaufen als auch überzeugen und hat ein sehr gutes Gespür für die Bedürfnisse seiner Gesprächspartner. Er ist mitreißend, motivierend, meist lustig und humorvoll, lächelt und lacht viel, macht große Gesten und ist fast immer freundlich und verbindlich. Ihm sind Statussymbole und Prestige wichtig und er will für seine Handlungen anerkannt werden.

In all seinem Überschwang spricht er zu viel und wird häufig als Plappertasche wahrgenommen. Gipfelstürmer vertragen Kritik nicht besonders gut, außerdem haben sie Angst davor, sich zu blamieren. Wenn die Dinge nicht so laufen, wie er sich das vorstellt, dann wird er voreilig, hektisch, indiskret und manchmal zynisch.

Wenn Sie mit einem Gipfelstürmer verhandeln, dann passen Sie auf, dass er Sie nicht mitreißt in seine „fantastische Welt" und Sie darüber Ihre eigenen Ziele vergessen. Hören Sie ihm aktiv zu. Den Gipfelstürmer gewinnen Sie für sich, wenn Sie ihm aufzeigen, in welch leuchtenden Farben seine Zukunft strahlt, wenn er mit Ihnen ins Geschäft kommt. Ihn überzeugen Sie mit Metaphern, Gleichnissen und mit Gefühlen. Für Zahlen, Daten und Fakten hat er weniger übrig. Die Verantwortung für die Verhandlungsergebnisse übernimmt er gerne, wenn sie für ihn besonders vorteilhaft sind. Erzielt er aus seiner Sicht weniger profitable Ergebnisse, neigt er dazu, die Verantwortung dafür auf andere bzw. auf die Umstände abzuschieben.

Gipfelstürmer brauchen Entscheidungshilfen. Geben Sie sie ihm: „Ich an Ihrer Stelle würde.....".

[!] Sind Sie selbst ein Gipfelstürmer?

Wenn Sie selbst auffallend viele Gipfelstürmer-Eigenschaften bei sich erkennen, dann achten Sie darauf, dass Sie nicht zu viel reden, dass Ihre Gesprächspartner ausreichend Zeit zur Verfügung haben, um ihre Sicht der Dinge darzustellen. Sie kennen vielleicht das alte Sprichwort: Wer viel spricht, erfährt wenig. Die Gefahr ist groß, dass Gipfelstürmer in ihrem Überschwang völlig übersehen bzw. nicht bemerken, dass sich ihre Gesprächspartner mehr und mehr unwohl fühlen. Wichtig ist, dass Ihre Gesprächspartner darauf vertrauen können, dass Sie ernsthaft und glaubwürdig den Nutzen für beide Parteien im Auge haben.

Gipfelstürmer versuchen mit vielen Mitteln, Konflikte zu vermeiden und scheuen sich, vermeintlich Unangenehmes auszusprechen. Sie nehmen kurzfristige Lösungen in Kauf und verlieren die Aufmerksamkeit, wenn Detailfragen zu klären sind.

Gipfelstürmer vertragen nur sehr schlecht Kritik.

Gipfelstürmer haben eine sehr hohe Überzeugungskraft und sind wunderbar dazu geeignet, auf CEO-Ebene zu verhandeln: „Gut, so wird es gemacht. Um die Sachfragen sollen sich unsere Juristen kümmern. Lassen Sie uns nun eine Runde Golf spielen."

Souverän verhandeln auf Augenhöhe
Das GRASP Experiment

Überlegen Sie:

Haben Sie in Ihrem wirtschaftlichen Umfeld mit einem Gipfelstürmer zu tun?

Wer könnte ein Gipfelstürmer sein und welches Kommunikationsverhalten fällt Ihnen an ihm/ihr auf?

Wie bereiten Sie sich auf Ihr nächstes Gespräch am besten vor, wenn Sie einen Gipfelstürmer überzeugen bzw. begeistern möchten?

      a) von einer Idee
      b) für eine Aufgabe
      c) für ein gemeinsames Projekt

Sherpa

Die Sherpas, im echten Bergsteigerleben die wahren Helden, sind meist introvertierte und fremdbestimmte Menschen, die sich am wohlsten unter einer Führung fühlen. Sie wollen angenommen sein und ordnen diesem Ziel vieles unter. Das Ziel der Sherpas ist, kontinuierlich dafür zu sorgen, dass eine gute (erprobte) Situation erhalten bleibt. Ein Sherpa kann sehr gut zuhören, strahlt Ruhe und Gelassenheit aus und spricht wenig. Sie bewegen sich eher langsam. Sherpas sind rücksichtsvoll und entgegenkommend sowie hilfsbereit. Im Gespräch sind sie häufig unpräzise und undeutlich.

Sherpas haben Angst vor Pflichtvernachlässigung und vor Selbstverwirklichung. Häufig tun Sherpas alles, damit die Idee eines anderen Wirklichkeit wird. Sherpas verhandeln am besten für andere. Sie tun sich schwer, für sich selbst zu verhandeln. In Situationen, in denen sie ihre Stärken nicht ausleben können, vergraben sich Sherpas und betreiben Ursachenforschung. Wenn die Dinge nicht so laufen, wie ein Sherpa sich das vorstellt, dann kann es schon sein, dass er reserviert, kalt, unentschlossen und misstrauisch wird.

Wenn Sie mit Sherpas verhandeln, dann geben Sie ihnen, was ihnen wichtig ist: Sicherheit. Zeigen Sie geduldig auf, wie eine Lösung aussehen könnte und welche Schritte dafür von beiden Seiten erforderlich sind. Unsichere Menschen haben einen erhöhten Informationsbedarf, wollen alles ganz genau wissen, damit sie möglichst risikolos ihre Ziele erreichen können. Sherpas interessieren sich für die Einschätzung von unabhängigen Dritten, damit sie ein möglichst 100-prozentig richtiges Ergebnis erzielen. Häufig werden vorläufige Verhandlungsergebnisse noch einmal einem Dritten vorgelegt (Rechtsabteilung, Steuerberater…), der dann sein OK dazu geben soll. So tragen Sherpas nicht ganz allein die Verantwortung für ihre Verhandlungsergebnisse.

Mit Vorschlägen und Ideen, die alles Dagewesene umkrempeln, kommen Sie bei Sherpas nicht besonders weit.

[!] Sind Sie selbst ein Sherpa?

Wenn Sie selbst auffallend viele Sherpa-Eigenschaften bei sich erkennen, dann achten Sie darauf, dass man Sie nicht vor einen Karren spannt, der gar nicht in die Richtung fährt, die Sie wollen. Überlegen Sie sich schon im Vorfeld ganz genau, welches Ihre Ziele sind. Vermeiden Sie Zugeständnisse, die Sie gar nicht wirklich machen wollen, nur damit das Gesprächsklima harmonisch bleibt. Ihr Bedürfnis nach Stabilität kann Ihnen einen Streich spielen, denn Sie stehen dadurch auch Neuerungen skeptisch gegenüber, die für Sie vielleicht enorme Verbesserungen darstellen würden.

Denken Sie hier zum Beispiel an das Hochspringen. Vielleicht erinnern Sie sich daran, dass in den 70er-Jahren die Technik des Wälzers – also bäuchlings über die Latte – gang und gäbe war. 1972 gelang Ulrike Meyfarth mit dem Flop – also rücklings über die Latte – ein Olympiasieg. Trotzdem hat sich die neue Technik erst zehn Jahre später durchgesetzt. Das hätte auch schon früher sein können.[19]

---

[19] Vergl.: Kruse, Peter: Erfolgreiches Management von Instabilität, 5. Auflage, Gabal Verlag, 2010, Offenbach, S.21 ff

Souverän verhandeln auf Augenhöhe
Das GRASP Experiment

Überlegen Sie:

Haben Sie in Ihrem wirtschaftlichen Umfeld mit einem Sherpa zu tun?

Wer könnte ein Sherpa sein und welches Kommunikationsverhalten fällt Ihnen an ihm/ihr auf?

Wie bereiten Sie sich auf Ihr nächstes Gespräch am besten vor, wenn Sie einen Sherpa überzeugen bzw. begeistern möchten?

       a) von einer Idee
       b) für eine Aufgabe
       c) für ein gemeinsames Projekt

Erstbesteiger

Der Erstbesteiger schöpft seine Energie aus seiner Selbstbestimmung heraus. Ihm ist Handlungsfreiheit wichtig. Er klettert als erster in eine Wand, weil ihm die Bewunderung dafür wichtig ist und weil er eine innere Befriedigung verspürt, zu dieser Leistung fähig zu sein und sich dies zu beweisen. Dem Erstbesteiger ist die bedingungslose Befolgung seiner Anweisungen sehr wichtig, aber nur, wenn er mit jemandem gemeinsam etwas unternimmt. Einmischungen in seine Vorgehensweisen findet er lästig und selbstbewusst auftretende Menschen machen ihn unsicher. Seine Bewegungen sind schnell und direkt. Er ist konzentriert auf das Wesentliche, spricht konkret und setzt sich durch.

Wenn die Dinge nicht so laufen, wie der Erstbesteiger sich das vorstellt, dann kann es schon vorkommen, dass er aggressiv und intolerant wird und mit Schuldzuweisungen von sich selbst ablenkt.

Wenn Sie mit einem Erstbesteiger verhandeln, dann liefern Sie Fakten und seien Sie so effizient wie möglich. Zeitverschwendung ist ihm ein Gräuel.

Er verantwortet seine Verhandlungsergebnisse selbst.

[!] Sind Sie selbst ein Erstbestelger?

Wenn Sie selbst auffallend viele Erstbesteiger-Eigenschaften bei sich erkennen, dann sollten Sie nicht vergessen, dass Menschen unterschiedliche Zeitkonstanten haben. Nehmen Sie sich immer wieder selbst zurück und mahnen Sie sich zur Langsamkeit, wenn Sie zum Beispiel mit einem Bergführer oder einem Sherpa verhandeln.

Achten Sie auf Zeichen der Überforderung Ihrer Verhandlungspartner. Diese können sich verbal äußern („Jetzt wäre eine Pause sehr willkommen.") oder nonverbal, indem sich zum Beispiel jemand an die Stirn greift (das wiederum heißen kann: Ich muss noch weiter darüber nachdenken).

Als Erstbesteiger dominieren Sie – die Situation und/oder auch die Personen, die mit Ihnen verhandeln. Sie tun dies in dem guten Glauben, dass Sie sowieso schon die beste Lösung erdacht haben. Machen Sie sich bewusst, dass Ihre Verhandlungspartner in Entscheidungsprozesse integriert werden wollen.

Beispiel

Die Verhandlung zwischen einem Personalvorstand und dem Betriebsrat:

Vorstand: „Das ist nun die beste Lösung für alle, für das Unternehmen und für die einzelnen Mitarbeiter. Das werden Sie einsehen. Wir werden dies so einführen und kommen hiermit unserer Pflicht nach, Sie darüber zu informieren."

Betriebsrat: „So können Sie mit uns nicht umgehen. Sie können nicht einfach bestimmen, ohne uns anzuhören."

Souverän verhandeln auf Augenhöhe
Das GRASP Experiment

Überlegen Sie:

Haben Sie in Ihrem wirtschaftlichen Umfeld mit einem Erstbesteiger zu tun?

Wer könnte ein Erstbesteiger sein und welches Kommunikationsverhalten fällt Ihnen an ihm/ihr auf?

Wie bereiten Sie sich auf Ihr nächstes Gespräch am besten vor, wenn Sie einen Erstbesteiger überzeugen bzw. begeistern möchten?

      a) von einer Idee
      b) für eine Aufgabe
      c) für ein gemeinsames Projekt

Worin besteht nun der Nutzen der Verhandlungs-Potenzialanalyse?

Sie erfahren in kürzester Zeit (das Ausfüllen des Fragebogens dauert in der Regel nicht mehr als einige Minuten), in welchen Bereichen Sie besondere Stärken haben und welche Bereiche noch optimiert werden können. Die Analyse vergleicht Ihre Ergebnisse mit denen von erfahrenen Verhandlern. Unterschieden wird dabei auch zwischen den Geschlechtern. Frauen und Männer agieren (jedenfalls meistens) unterschiedlich am grünen Tisch.

So sieht beispielsweise die Auswertung eines männlichen Teilnehmers aus.

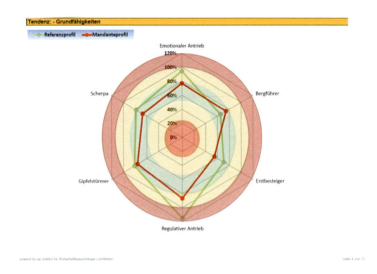

Abbildung 6
Beispiel Teilauswertung einer Verhandlungs-Potenzialanalyse.

Welches sind nun Attribute, bei denen Berufsverhandler in der Regel sehr hohe Werte erzielen?

Souverän verhandeln auf Augenhöhe
Das GRASP Experiment

- Situationen aus der Vogelperspektive betrachten können
- Konfliktfähigkeit
- Positive Sprache verwenden können
- Geduld
- Freundlichkeit und Respekt für den Gesprächspartner
- Innere unabhängige Haltung
- Standhaftigkeit (in Bezug auf die eigenen Ziele)
- Fragetechniken beherrschen
- Herausfinden können, was dem anderen wirklich wichtig ist
- Umsicht: strategisch abwägen können, welche Auswirkungen der aktuellen Verhandlung erst nach Jahren auftreten
- Kreativ und kooperativ mögliche Wege „erfinden" können
- Empathie: In die Rolle des anderen schlüpfen können
- Zuhören können
- Flexibel denken können
- Andere überzeugen können
- Hypothesen bilden können
- Schweigen aushalten können
- Faire Grundhaltung haben
- Interesse am anderen haben
- Radar: auch „Nebenbei-Bemerkungen" erfassen und auf Motive schließen
- Strategisch argumentieren können
- Psychologisches Grundwissen haben
- Entgegenkommen, damit hat der andere das Gefühl, ebenfalls entgegenkommen zu müssen
- Ambiguitätstoleranz: Widersprüche bzw. Unterschiede und Uneindeutigkeiten aushalten können

Jetzt - mit diesem Wissen - werden Ihnen Ihre Verhandlungen noch besser gelingen. Sie werden sehen.

Sicherlich ist Ihnen als Verhandler ein Ausflug in die Verhandlungssprache wichtig. Wir haben deshalb ein „Goldenes Wörterbuch für Verhandler" für Sie zusammengestellt.

Quintessenz aus diesem Kapitel

> ➢ Jeder Verhandler sollte über sich selbst Bescheid wissen.

> ➢ Stellen Sie Überlegungen darüber an, mit welchem Verhandlungstyp Sie es zu tun haben.

> ➢ Daraus entwickeln Sie eine individuelle Gesprächsstrategie.

Frage an mich selbst:

Was aus diesem Kapitel ist besonders wertvoll für meinen eigenen Alltag?

Was davon möchte ich gleich morgen umsetzen?

Welche eigenen Erfahrungen habe ich bereits gemacht, die etwas vom Inhalt dieses Kapitels widerspiegeln?

IV. Goldenes Wörterbuch für Verhandler

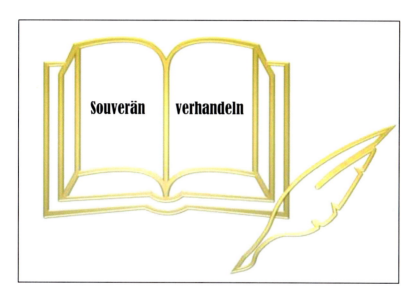

Abbildung 7: Goldenes Wörterbuch für Verhandler

In meinen[20] Workshops und Verhandlungscoachings wurde oft gefragt, ob es eine eigene Verhand-

---

[20] Birgit Hauser

lungssprache gäbe, die man wie eine Fremdsprache erlernen könne. Gibt es Worte, Ausdrücke, Sätze, Phrasen, die den Verlauf einer Verhandlung im eigenen gewünschten Sinne beeinflussen?
Und wäre es nicht wundervoll, wenn es solche „Zauber-Phrasen" gäbe, derer man sich nur bedienen müsste, um seine Ziele in Verhandlungen und schwierigen Gesprächen ganz einfach zu erreichen?

Denken Sie doch an sich selbst: Sie mögen Menschen, in deren Gegenwart Sie sich wohlfühlen. Es ist angenehmer und leichter, mit Menschen zu sprechen, zu verhandeln, zu interagieren, die Sie mögen und die ein echtes Interesse an Ihnen zeigen. Schon der deutsche Philosoph Arthur Schopenhauer sagte: „Wer klug ist, wird im Gespräch weniger an das denken, worüber er spricht, als an den, mit dem er spricht." Wie könnte dem besser entsprochen werden, als damit zu beginnen, seinen Gesprächspartnern echtes Interesse und Wertschätzung entgegenzubringen.

[!] Die positive Sprache hilft dabei.

Die positive Sprache ist eindeutig, klar, wertschätzend, wohlwollend, sie verleiht allen Gesprächsbeteiligten ein gutes Gefühl und beeinflusst - allein durch ihre Verwendung - Verhandlungsergebnisse bereits von Beginn an.

Melanie Billings-Yun beginnt jede E-Mail an mich mit einem positiv-wertschätzenden Satz wie z.B.

"Oh, Birgit, I am so proud of you! Your dynamism is an inspiration! I am very excited to see your book."

Das bewirkte im Laufe der Zeit, dass ich mich schon freue, wenn ich nur sehe, dass eine E-Mail von ihr in meinem Postfach ist, ganz unabhängig vom Inhalt der E-Mail.[21]

Überlegen Sie, wie Sie sich dieses Phänomen bei Ihren Gesprächspartnern zu Nutze machen können.

---

[21] Pawlowscher Effekt

Immer, wenn Sie mit guten Freunden Gespräche führen, unterhalten Sie sich automatisch wertschätzend. Meist ganz unbewusst, ohne darüber nachzudenken. Warum ist das so? Einfach deshalb, weil neben Vertrauen und Erfahrung auch etwas anderes und vor allem sehr Wichtiges da ist: Eine positive, entgegenkommende Grundeinstellung.

Das Tolle daran ist: Das funktioniert auch, wenn man fremden Verhandlungspartnern gegenübertritt. Sie müssen sich – übertrieben ausgedrückt - ja nicht gleich in die Arme fallen. Versuchen Sie, diese wertschätzende Sprache auch in Ihren Verhandlungen und in schwierigen Gesprächen anzuwenden. Sie werden sehr schnell sehen, dass Sie dadurch – wie von Zauberhand – eine feine Verbindung zu Ihrem Gesprächspartner herstellen. Damit errichten Sie ein solides Verhandlungsfundament und müssen nicht befürchten, auf einer Sanddüne zu sitzen, die beim geringsten Konflikt unter Ihnen „wegwandert".

Peter Atanasov, Leiter des Stuttgarter ap-Institutes für Wirtschaftspsychologie, sagte anlässlich eines Fachgesprächs folgendes:

„Begrüßen Sie Ihren Gesprächspartner und gehen Sie auf ihn zu, so als ob Sie ihn schon lange kennen und sich in seiner Gegenwart sehr wohlfühlen würden."[22]

Damit setzen Sie gleich am Anfang des Gesprächs einen sogenannten somatischen Marker.

Manchmal kann es ganz schön schwierig sein – wenn es hoch her geht und unterschiedliche Positionen diskutiert werden - positive Formulierungen zu finden. In der Hitze des Gefechts sind wir emotional aufgewühlt – –sozusagen mittendrin im „hormonellen Dunst" - und es gelingt nicht immer, sich genau dann an wirkungsvolle, achtsame Formulierungen zu erinnern und dem anderen gegenüber aufmerksam zu bleiben.

Deshalb haben wir für Sie das Goldene Wörterbuch für Verhandler zusammengestellt. Darin finden Sie jede Menge hilfreicher Phrasen, Beispiele und Beschreibungen von kurzen Verhandlungssequenzen, die Sie je nach Bedarf für Ihre eigenen Diskussionen,

---

[22] Peter Atanasov im Gespräch am 03.09.2012 in Stuttgart

Auseinandersetzungen, Konferenzen, Meetings und dergleichen anpassen, verändern und nutzen können.

Hier noch ein außergewöhnliches Beispiel für höchste positive Formulierungskunst:

Ein Hotel etwas außerhalb vom Zentrum in Key West bietet seinen Gästen einen kostenlosen Shuttle zwischen Hotel und Zentrum an. Im Bus gibt es nur zwanzig Sitzplätze und es empfiehlt sich, vorab zu reservieren. Der Bus war ausgebucht, als drei Personen ohne Reservierung mitfahren wollten. Da sagte der Busfahrer folgendes zu ihnen: *„Hey, super, dass ihr hier seid. Leider sind alle Plätze reserviert, aber es sind ja noch ein paar Minuten bis 19:00 Uhr. Wenn die Gäste mit der Reservierung nicht auftauchen, dann sind diese Plätze eure und ich freue mich, euch downtown zu fahren."* [23] Haben Sie schon einmal einen einzigen europäischen Busfahrer erlebt, der so gästeorientiert spricht?

---

[23] Busfahrer in Key West am 08.01.2012

Wirkungsvoll fragen

Beschäftigen Sie sich zuerst mit den Fragen, denn nur wenn Sie so viel wie nur irgendwie möglich darüber wissen, was Ihren Verhandlungspartner bewegt, was ihm wichtig ist bzw. wie er tickt, werden Sie Wege finden können, ihn davon zu überzeugen, lieber mit Ihnen Geschäfte zu machen als mit Ihrem Wettbewerber.

Leider gibt es keine „Zauberfragen", die immer einsetzbar sind. Aber die richtige Frage zum richtigen Zeitpunkt in der richtigen Tonlage zu stellen, das ist eine Kunst, die Sie erlernen können. Es ist gar nicht so schwierig, wie es vielleicht scheint. Nur Mut. Es gibt schon viele gute Bücher zum Themenkomplex Fragen. Sie werden deshalb nicht mit einem weiteren Fragenkapitel gelangweilt, sondern können direkt wirkungsvolle Frageformulierungen mitten aus dem Wirtschaftsleben – exklusiv für Sie zusammengestellt – genießen.

Zuvor noch eine HUMOR-volle Geschichte für Sie:

Eine große Firma hatte einen neuen CEO[24] eingestellt, der vor allem die Faulpelze und Drückeberger entlassen sollte. Auf einer Tour durch die einzelnen Gebäude bemerkte der CEO einen jungen Mann, der lässig an einer Wand lehnte und augenscheinlich nichts tat. Der Raum war voll von Mitarbeitern und so wollte der CEO gleich ein Exempel statuieren und zeigen, dass es ihm ernst war.

Er ging auf den jungen Mann zu und fragte ihn: *„Wie viel verdienen Sie pro Woche?"* Ein bisschen überrascht antwortete der junge Mann: *„400 Euro pro Woche. Warum?"* Der CEO zückte sein Scheckbuch und bellte ihn an: *„Hier sind 1.600 Euro in bar. Ein Monatslohn. Gehen Sie und kommen Sie nie wieder."*

Der CEO fühlte sich gut, schaute Beifall heischend in die Runde und fragte: *„Kann mir irgendjemand sa-*

---

[24] Vergl. Diane Levin, 2009, (www.mediationchannel.com), übersetzt von Birgit Hauser, letzter Zugriff 19.10.2012

gen, was dieser Faulpelz hier getan hat?" Für einen Moment herrschte Stille. Dann nahm einer der Arbeiter seinen Mut zusammen und sagte: „Das war der Pizzabote vom Bella Italia."

[!] Stellen Sie Fragen, bevor Sie entscheiden.

Drei für mich überaus wertvolle Fragen hat Dr. Gernot Barth in einem seiner Seminare betont. Er nennt sie Joker-Fragen, weil man mit diesen Fragen immer eine gute Karte von besonderem Wert in der Hand hat und diese so wirkungsvoll sind wie ein Joker in einem Spiel.

[!] Was ist Ihnen so wichtig daran? Was bedeutet das für Sie? Was wollen Sie damit sicherstellen?[25]

Egal, in welchem Kontext: ob in Seminaren, Coachings, bei Teammoderationen oder Konfliktvermittlungsgesprächen: Diese drei Fragen haben uns die erste Tür zu den Herzen der allermeisten Gesprächspartner geöffnet. Probieren Sie es aus. Sie

---

[25] Dr. Gernot Barth während eines Seminars in Stuttgart, Frühjahr 2009

werden verblüfft sein, genauso wie eine Führungskraft in einem Mitarbeiter-Feedbackgespräch mit einem seiner Key Account Manager:

KAM: Ich kann die Verantwortung für dieses Projekt nicht mehr länger übernehmen.

FK: Sie sind „mein bestes Pferd im Stall". Gena deshalb habe ich ja Ihnen die Projektleitung übertragen. Wie kommt es, dass Sie jetzt, nach sechs Monaten, das Handtuch werfen wollen?

KAM: Ich bin dafür verantwortlich, dass der Kunde[26] zufrieden ist! Richtig? Dann müssen mir auch die Möglichkeiten gegeben werden, genau das zu tun. Und die habe ich hier nicht!

FK: Was meinen Sie denn konkret?

KAM: Ich brauche direkten Zugriff auf die Mitarbeiter in der Medizinabteilung.

FK: Wieso? Was genau ist daran so wichtig?

---

[26] Anmerkung Birgit Hauser: Es ist ein im DAX gelistetes Unternehmen.

Souverän verhandeln auf Augenhöhe
Das GRASP Experiment

KAM: *[etwas verdutzt]* Mir ist wichtig, dass in erster Linie der Kunde rechtzeitig, das heißt zu dem Termin, den ich ihm zugesagt habe, seine Analysen und Berichte bekommt. Wenn das nicht geschieht, stockt das ganze Projekt und zwar durch unsere eigene Schuld.

FK: Was heißt das für Sie?

KAM: Ich verliere vor dem Kunden meine Glaubwürdigkeit, wenn unsere Firma immer wieder zugesagte Termine nicht einhält. Irgendwann – und dieser Zeitpunkt ist nicht mehr allzu weit entfernt – das hat man mir bereits deutlich signalisiert, werden sie sich einen zuverlässigeren Lieferanten suchen. Und damit verliert nicht nur die Firma Umsatz. Für mich persönlich würde das heißen, dass meine variable Vergütung plötzlich um 35 Prozent reduziert wird.

FK: Das verstehe ich. Lassen Sie uns jetzt überlegen, wie wir gemeinsam – auch mit dem Leiter der Medizinabteilung - sicherstellen können, dass ab jetzt die Einhaltung der Termine oberste Priorität erhält.

KAM: Das klingt gut. Dann muss ich ja nicht nach Canossa gehen und mich für die Verzögerung entschuldigen.

Souverän verhandeln auf Augenhöhe
Das GRASP Experiment

Und hier nun die wichtigsten WIRKUNGS-vollen Fragen

- Was genau ist Ihnen so wichtig an diesem Punkt?
- Wie könnte aus Ihrer Sicht eine erfolgreiche Vorgehensweise hierzu aussehen?
- Wer – denken Sie – sollte diese Idee am besten umsetzen?
- Wie können wir die Zukunft im Bereich XXX gemeinsam gestalten?
- Was genau wollen Sie erreichen? Was ist Ihr Ziel für dieses Gespräch?
- Was verstehen Sie darunter?
- Welche Kriterien müsste eine für Sie perfekte Lösung erfüllen?
- Wie würden Sie diese Situation beschreiben?
- Mit welchen Auswirkungen müssen wir rechnen, wenn wir xy innerhalb der nächsten zwei Monate umsetzen?
- Welche Informationen benötigen Sie zusätzlich, damit Sie sicher und mit einem guten Gefühl eine Entscheidung für xy treffen können?
- Wie schön, dass wir für die Punkte A+B schon so schnell eine tragfähige Lösung finden konnten. Mit Ihnen zu verhandeln, ist ein Vergnügen für mich.
- Sind Sie damit einverstanden, wenn wir jetzt noch einmal Punkt C besprechen? Haben Sie schon darüber nachgedacht, wie wir dies logistisch umsetzen können?
- Haben Sie bedacht, dass…?
- Wer könnte noch positiv dazu beitragen…
- Ist es das, was Sie sich erhofft haben?
- Gibt es etwas, das Sie noch hinzufügen möchten?
- Was konkret meinen Sie?

Souverän verhandeln auf Augenhöhe
Das GRASP Experiment

- „Sind Sie (wir) jetzt vom Kurs abgekommen und rasen geradewegs auf diesen Eisberg zu?"[27]
- Darf ich Ihnen eine hypothetische Frage stellen? Wie…
- Darf ich Sie auf eine Alternative hinweisen?
- Ist das die richtige Zusammenfassung Ihrer Interessen?
- Sind Sie damit einverstanden, dass wir diesen Punkt genauer beleuchten, damit wir verstehen, was der Kern des Problems ist?
- Wie kann ich Sie unterstützen, damit Sie den Weg, auf den wir uns jetzt geeinigt haben, bei Ihnen im Haus am besten präsentieren können?
- Ist das wirklich Ihr letztes Wort oder sehen Sie noch eine Möglichkeit, wie wir doch noch zueinander finden können?
- Sind Sie sich ganz sicher, dass…?
- Welche Kriterien müsste eine Lösung aufweisen, damit Sie sagen: „Genau diese!"?[28]

---

[27] Quelle, Zit: Josef Duss-von-Werdt, Homo Mediator, Klett 2005
[28] Quelle, Zit: Radatz, Sonja, Beratung ohne Ratschlag, 5. Auflage 2008, Verlag Systemisches Management, Wien, S.159

Wertschätzend formulieren

Jennifer Chatman von der Universität Berkeley in Kalifornien hat in mehreren Experimenten versucht herauszufinden, ab welchem Punkt sich ehrliche Wertschätzung in Schmeichelei verwandeln könnte und ineffektiv wird. Ihr Fazit dazu: Es gibt keinen solchen Punkt.

Hier geht's direkt zu den wertschätzenden Formulierungen

- Ich sehe, Sie haben bereits sehr viel Zeit in Ihre Arbeit mit der Sammlung von Hintergrundinformationen gesteckt. Vielen Dank. Das ist sehr wertvoll für unser Gespräch.
- „Sie können in zwei Monaten mehr Geschäft kreieren, wenn Sie sich für andere interessieren als in zwei Jahren, wenn Sie versuchen, andere für sich zu interessieren."[29]
- Wenn wir dies zusätzlich aus einer anderen Perspektive betrachten, dann...
- In den meisten Punkten stimme ich Ihnen zu. Ist es möglich, dass Sie mir Ihre Bedenken zu Punkt 23 noch einmal erklären. Viel-

---

[29] Quelle, Zit: Dale Carnegie, http://www.quoteland.com/author/Dale-Carnegie-Quotes/352/, letzter Zugriff am 19.09.2012, deutsche Übersetzung Birgit Hauser

Souverän verhandeln auf Augenhöhe
Das GRASP Experiment

leicht finden wir dann gemeinsam einen Weg, den wir beide gehen können.

- Ich verstehe Ihre Bedenken. Es ist nicht immer leicht,...
- Sie sind der Experte auf diesem Fachgebiet. Ihre Meinung ist für uns besonders wertvoll. Würden Sie...
- Sie haben in Ihrer Karriere schon so viel erreicht. Das beeindruckt mich sehr. Wie sehen Sie...
- Ja, einverstanden. Das ist ein überaus interessanter Gedanke, den Sie da formulieren. Er veranlasst mich dazu, xy von einer neuen Seite zu betrachten.
- Ich bin nicht sicher, ob ich diesen Punkt vollkommen richtig verstanden habe. Würden Sie diesen bitte noch spezifizieren?
- Aus unserer Sicht scheint es möglich zu sein, diese bereits sehr gute Lösung noch zu optimieren. Dürfen wir Ihnen vorstellen...
- Dieser Preis erscheint mir ein wenig zu hoch. Ich bin mir nicht sicher, ob ich so viel für diese Dienstleistung bezahlen möchte.
- Korrigieren Sie mich, wenn ich falsch liege, ...
- Darf ich einen Vorschlag machen?
- Wenn Sie für einen Moment an meiner Stelle wären, dann...
- Wenn ich mich in Sie hineinversetze, so kann ich Ihren Standpunkt verstehen, jedoch...
- Ich glaube, dass wir das Gleiche erreichen wollen.
- Es war mir ein Vergnügen, mit einem so fairen Gesprächspartner zu verhandeln.
- Ich freue mich auf unsere Zusammenarbeit.
- Mir ist wichtig, zuvor noch ein Gespräch mit Herrn XY zu führen. Erst dann entscheide ich, ob ich den Auftrag überhaupt annehme.
- Ihre Frage lässt mich den Sachverhalt noch aus einem anderen Blickwinkel betrachten.
- Könnten Sie zu diesem Punkt ein wenig präziser werden?

Souverän verhandeln auf Augenhöhe
Das GRASP Experiment

- ➢ Ich stimme Ihnen im Großen und Ganzen zu, nur der Punkt A ist mir noch nicht ganz klar.
- ➢ Gut, dass Sie das fragen.
- ➢ Was wäre, wenn wir das ganze Projekt anders aufteilen würden?
- ➢ Ich fürchte, da gibt es ein kleines Missverständnis. Meinen Sie, dass…
- ➢ Mit dem Inhalt bin ich vollkommen einverstanden. Gut, dass Sie noch XY erwähnt haben, jedoch mache ich mir Sorgen, dass…

Framing beeinflusst alle

Framing ist die Fähigkeit, einen Sachverhalt durch Betonung und Akzentuierung unterschiedlich darzustellen. Daniel Kahnemann, Träger des Wirtschaftsnobelpreises 2002, hat den Begriff Framing geprägt, als er mit seinem Kollegen Amos Tversky zwei Optionen einer Seuchenbekämpfungsstrategie[30] vorstellte:

a) Es können 200 von 600 Personen gerettet werden.
b) Es werden 400 von 600 Personen sterben.

72 Prozent der Experimentteilnehmer haben sich für Option a entschieden.

---

[30] Quelle: Kahnemann, Tversky, The framing of Decisions and the Psychology of Choice, Science, New Series, Vol. 201, 1981, pp.453

Ein weiteres Beispiel

„Hotelerneuerung"

Fünf Gesellschafter haben ein ganzes Jahr lang überlegt und diskutiert, ob das vorhandene Hotel großzügig umgebaut und renoviert oder ob ein kompletter Neubau in Auftrag gegeben werden soll. Wie letztendlich die Entscheidung für einen Umbau bzw. gegen einen Neubau beeinflusst wurde, ist überaus interessant. Der Unterschied hinsichtlich Kosten und Bauzeit war marginal und die externen, emotional nicht involvierten Berater waren sich einig, dass ein Neubau vorteilhafter wäre als ein Umbau, bei welchem die Risiken nicht genau abschätzbar sind. Trotzdem hat sich die Mehrheit der fünf Gesellschafter für einen Umbau entschieden, da folgende Frage gestellt wurde: *„Wenn wir 4 Mio. Euro für einen Neubau ausgeben, dann kann das im schlimmsten Fall bedeuten, dass wir alle unsere Heimat verlieren, richtig?"* Das gleiche Risiko (nämlich das der Insolvenz) besteht natürlich auch bei einem Investitionsvolumen von 3,4 Mio. Euro– nur mit dem kleinen Unterschied, dass den Entscheidern das Risiko geringer erscheint, obwohl es gar nicht geringer ist.

Scheitern heißt scheitern, ob mit 4 oder mit 3,4 Mio. Euro. Hier greift der Framing-Effekt, der Menschen veranlasst, sich lieber für das geringere Risiko zu entscheiden. Ein Verlust in Höhe von 4 Mio. wird stärker vermieden als ein Verlust in Höhe von 3,4 Mio. - obwohl beide Szenarien in unserem Fall zur Insolvenz führen würden.

Ein anderes Beispiel

Stellen Sie sich vor, Sie befänden sich an einem wunderschönen Tiroler Gebirgssee und ein Einheimischer sagt folgendes zu Ihnen:

a) 95 Prozent aller Menschen, die in diesem See baden, empfinden das Wasser als wohltuend und gesund.

b) 5 Prozent aller Menschen, die in diesem See baden, bekommen Hautausschlag, weil sie in Berührung mit den Entenfedern kommen, die auf dem Wasser schwimmen.

Souverän verhandeln auf Augenhöhe
Das GRASP Experiment

Überlegen Sie selbst, welche Aussage Sie (mehr) zum Schwimmen motivieren würde.

Kommunikative Torpedos

... die Sie bitte nie abschießen.

Ein kommunikatives Torpedo entsteht meist dann, wenn sich Verhandler in einer besonders überlegenen Position befinden und zusätzlich nicht einmal ein Minimum an notwendigem Feingefühl besitzen.

ODER

... wenn ein Verhandler sich dermaßen unter Druck gesetzt fühlt, dass er die Fähigkeit zu dissoziieren bzw. sich selbst zu kontrollieren verliert und sich mit einem verbalen Rundumschlag zu „befreien" versucht.

Interessant ist, welche Verhandlungstypen eher dazu neigen und welche nicht. Lesen Sie nach im Kapitel III: Sind Sie ein talentierter Verhandler? Rufen Sie sich immer wieder in Erinnerung – getreu der GRASP Methode von Billings-Yun: Nicht das Siegen ist wichtig, sondern ein gutes Ergebnis.

Hier geht's direkt zu den kommunikativen Torpedos

- Nein.
- Keine Chance, dass wir das akzeptieren.

Souverän verhandeln auf Augenhöhe
Das GRASP Experiment

- Ich habe keine Zeit, lange darüber zu verhandeln. Wollen Sie oder wollen Sie nicht?
- Für mich kommt nur eine Zahl zwischen x und y in Frage.
- Wir beharren auf unseren allgemeinen Geschäftsbedingungen und können Ihnen da nicht entgegenkommen.
- Das hat unser Management festgelegt. Wir können nichts daran ändern.
- Wenn Sie nicht entscheiden können, dann sollte ich wohl lieber mit Ihrem Vorgesetzten sprechen.
- Die österreichische (oder auch jede andere Nation) Delegation sieht das anders.
- Wir werden hier nicht nachgeben. Dann streiken Sie eben.
- Wenn Ihnen xx (z.B. Arbeitsplätze) nicht wichtig sind, dann machen Sie nur so weiter...
- Wenn Sie glauben, dass ich darauf hereinfalle, dann haben Sie sich getäuscht.
- Das ist mein Angebot. Ich werde keinen Cent mehr bezahlen. Take it oder leave it.
- Wenn Sie mir keine Gehaltserhöhung zugestehen, dann kündige ich eben.
- Ihr Budget interessiert mich nicht.
- Das einzige, was für mich wichtig ist, ist der Preis.
- Wenn Sie nicht bis zum xxx liefern können, platzt der Deal.
- Metro-Kunde am Kundenschalter: Leider habe ich meinen Metro-Ausweis verlegt. Antwort (harscher Ton): Da drüben können Sie sich einen neuen machen lassen.
- [erboster Ton] Wie können Sie es wagen, in diesem Ton mit mir zu sprechen.

Häufige Verhandlungsfehler

Billings-Yun hat ein sicheres Verhandlungsfundament beschrieben, das durch seine vier Grundpfeiler[31] eine stabile, solide und fundierte Basis für erfolgreiche Gespräche bildet.

Einige Beispiele gescheiterter Verhandlungen sollen nachfolgend illustrieren, wie schnell Gespräche beendet sein können, ohne dass man eine Chance hat, daran noch einmal anzuknüpfen, wenn wenig oder kein Augenmerk auf diese Säulen gelegt wird.

Beispiel: Fairness

In einem mittelständischen Unternehmen wollte man eine 60m² große Fläche mit einfachen weißen (50 x 50 cm) Fliesen verkleiden lassen. Mit einem Ein-Mann-Unternehmen arbeitete man bereits seit eini-

---

[31] Vergl. Billings-Yun, Melanie: Beyond Dealmaking – five steps to negotiating profitable relationships, Jossey-Bass, imprint WILEY Verlag, 2010, S.75ff

gen Jahren gut zusammen. So hat man auch diesmal wieder ein Angebot für diese Arbeiten erbeten. Einige Tage später wurde das Angebot über 3.900 Euro unterbreitet. Der Auftraggeber sagte: „Das ist mir eindeutig zu viel für diese kleine Fläche" und der Fliesenleger reduzierte sein Angebot um 600 Euro. Den Auftrag hat er trotzdem nicht bekommen. Wenn jemand seinen Preis um 600 Euro bei einem Gesamtvolumen von 3.900 Euro reduzieren kann, dann hat er vorher nicht fair kalkuliert.

Jeder Mensch will fair behandelt werden. Was jedoch fair ist, entscheidet letztendlich der, der ein Angebot erhält und nicht die Person, die ein solches unterbreitet.

Hier ein „anständiges" Gegenbeispiel aus der Golferwelt: Auch auf dem Golfplatz kann sich Fairness auszahlen: Kurt W. Zimmermann hat hierzu in seinem amüsanten Buch „Echte Golfer weinen nicht"[32] geschrieben, dass beim Golfspielen Regeltreue zur Charakterfrage wird. Er bezieht sich auf eine Umfra-

---

[32] Zimmermann, Kurt W., „Echte Golfer weinen nicht", 6. Auflage, München, COPRESS Verlag in der Stiebener Verlag GmbH, 2012

ge in den USA,[33] derzufolge 82 Prozent der Manager beim Golf betrügen würden. So war es für Zimmermann ein Genuss, mit einem Bauunternehmer zu spielen, dem ein fantastischer Schlag aus einem Wasserhindernis gelang und der (fairerweise) nach dem Schlag sagte: „Der Schlag war ok, aber ich habe den Boden berührt. Sie müssen mir zwei Strafschläge notieren."[34] So einem Bauunternehmer gäbe Zimmermann (und sicher viele andere Menschen auch) doch gerne einen Auftrag für die nächste Renovierung.

Beispiel: Beziehung

Immer weniger Menschen sind bereit, Entscheidungen, bei denen sie nicht mitwirken konnten, zu akzeptieren. Ein Beispiel: In einer kleineren Gemeinde hat die Gemeindeverwaltung/der Gemeinderat entschieden, das alte Schwimmbad zu sanieren

---

[33] Vergl. Driven to Cheat: A Study on the Drivers of Dishonesty — through the Game of Golf, Scott McKenzie, Duke University Durham
[34] Zit: Zimmermann, Kurt W., Echte Golfer weinen nicht, 6. Auflage, München, COPRESS Verlag in der Stiebener Verlag GmbH, 2012, Seite S.46

und dafür ziemlich viel Geld auszugeben. Für die Gemeindevertreter war es überhaupt keine Frage, dass sich die Bürger über ein renoviertes Schwimmbad freuen würden und so hat man es auch nicht für notwendig gehalten, die Bürger in der Entscheidungsphase zu integrieren. Erst als die Bürger opponierten, wurde eine Bürgerbefragung durchgeführt und siehe da – die Bürger wehrten sich gegen eine weitere Verschuldung, die damit einhergegangen wäre, und stimmten gegen die Renovierung, obwohl das bedeutete, dass sie nun kein eigenes Schwimmbad mehr haben würden. Ergebnis: Baustopp für die nächsten drei Jahre. Doch da waren bereits Kosten im hohen sechsstelligen Bereich angefallen - für Planung, Architekt und Ausschreibung.

Noch vor 20 Jahren hätten sich die meisten Bürger gar nicht für die Frage „Bauen oder nicht Bauen?" interessiert, sondern gedacht: „Ein neues Schwimmbad ist toll für unsere Gemeinde!" Wer nicht an die Interessen der Menschen bzw. Verhandlungspartner denkt bzw. diese aktiv in die Problemlösung integriert, wird keine gute und nachhaltige Beziehung zu ihnen aufbauen können. Es ist unstrittig, dass es wesentlich leichter ist, zu jemandem „Nein" zu sagen, mit dem einen nichts verbindet. Eine gute Beziehung zum Verhandlungspartner „rettet" so manches Gespräch und selbst, wenn keine Lösung möglich ist bzw. eine Verhandlung scheitert, kann eine gute persönliche Beziehung zum Gesprächspartner bestehen bleiben.

„Diesmal kommen wir leider nicht zusammen, die Vorstellungen sind einfach zu unterschiedlich. Wir werden Sie wieder anrufen, wenn wir unser nächstes Projekt planen."

Beispiel: Einzelne Vertragsbedingungen wichtiger als das Gesamtergebnis?

Das folgende Beispiel illustriert deutlich, dass der Start einer ganzen Serienproduktion von Fahrzeugen verzögert werden kann, wenn Verhandler in Vogel-Strauß-Manier pedantisch auf einzelnen Vertragspunkten bestehen, den Kopf in den Sand stecken und stur auf die Erfüllung einzelner Paragrafen pochen.

Das Szenario: Verhandlungspartner sind auf der einen Seite ein renommierter, mächtiger Autobauer und auf der anderen Seite eine Zulieferfirma, die das Akustikpaket für ein neues Auto entwickelt. Volumen 100 Mio. Euro über die gesamte Projektlaufzeit. Der Fahrkomfort im Sinne eines geräuscharmen Fahrens wird immer wichtiger in der Fahrzeugentwicklung. Gleichzeitig steigt der Kostendruck. In diesem Beispiel hat die Entwicklungsfirma enorm viel in die Entwicklung investiert und die Kosten für die Prototypwerkzeuge übernommen. Beide Vertragsparteien einigen sich auf einen Preis A für das Akustikpaket. Kurz vor Start der Serienproduktion verhandelt der Autobauer nach und will weitere drei Prozent Preisreduktion. Der Autobauer erhöht damit den Druck auf den Zulieferer, so geraten alle Verhandlungspartner unter einen enormen Zeitdruck. Der Zulieferer steht zu diesem Verhandlungszeitpunkt mit den bereits vorgeleisteten Projektkosten mit dem Rücken an der Wand und somit vor dem Abbruch des Projektes. Somit würde auch der Autobauer verlieren, der einen neuen Lieferanten suchen müsste. Die Entwicklungsabteilung des Autobauers will unbedingt am bewährten Zulieferer festhalten, weil dieser kontinuierlich eine exzellente Ingenieurleistung erbracht hat. Die Einkaufsabteilung des Autobauers hat das Ziel, Kosten zu reduzieren.

Eine bedrohliche Patt-Situation. Keiner kann/will dem anderen entgegenkommen.

Dass das Auto doch noch rechtzeitig auf den Markt kommen konnte, ist dem Umstand zu verdanken, dass der Autobauer seinen Verhandler auswechselte. Nun saßen zwei Personen in dem Bewusstsein miteinander am grünen Tisch, dass ohne eine Einigung beide Parteien so große Verluste erleiden würden, dass sie sich nur sehr langsam davon erholen würden. Der Einkäufer des Automobilherstellers war sehr klug. Nachdem er und seine Gesprächspartnerin sich auf einen für den Autozulieferer sehr schmerzhaften Kompromiss geeinigt hatten, blieb er höflich und verbindlich und verkniff sich jegliches Gewinnerlächeln. Schon Matthias Schranner weist in seinem Buch „Verhandeln im Grenzbereich" darauf hin, dass höchste Zurückhaltung an den Tag zu legen ist, auch wenn man sich als Gewinner in einer Verhandlung fühlt.[35] Kunkel, Bräutigam und Hatzel-

---

[35] Vergl. Schranner, Matthias: Verhandeln im Grenzbereich, 7. Auflage, Berlin, Econ Ullstein List Verlag, 2007, Seite 195

mann nennen dies „Nachkarten oder Knabbern"[36]. Dabei geht es darum, dass Verhandler häufig damit konfrontiert sind, dass kurz vor Vertragsabschluss von der Gegenseite noch eine kleine Nachforderung gestellt bzw. noch ein kleines Zugeständnis verlangt wird. Die Autoren geben den wichtigen Hinweis, dass Menschen in dieser Situation oft geneigt sind, in die „Ach-diese-Kleinigkeit-Falle" zu tappen und führen als wirkungsvolle Strategie dazu an, einfach eine Gegenforderung zu stellen, denn somit ist der Gesprächspartner wieder am Zug und müsste die letzte Entscheidung treffen. Sehr schlau.

Im Fall Akustik-Paket war dies auch so. Eine Forderung, eine Gegenforderung. Man – das heißt beide Seiten - haben sich dann entschieden, weder der Forderung noch der Gegenforderung zu entsprechen. Und so fahren viele Menschen mit einem angenehm leisen, sehr komfortablen Auto auf den Straßen herum.

---

[36] Vergl. Kunkel, Bräutigam, Hatzelmann, Verhandeln nach Drehbuch, Heidelberg, Redline Wirtschaft, 2006, S.226f

Beispiel: Sieg statt Lösung

Hier kommt das Beispiel von Frau Hütteli aus der Schweiz. Sie ist seit langem eine erfolgreiche und respektierte Abteilungsleiterin in einem großen Unternehmen, verantwortlich für alle Belange der Konzernkommunikation und berichtet direkt an den CIO (Chief Information Officer). Dieser verlässt das Unternehmen und der neue CIO will seinen eigenen Kommunikations-Abteilungsleiter „von draußen" mitbringen. Der neue – nennen wir ihn Herr Fränkli – wird eingestellt und Frau Hütteli wird vor vollendete Tatsachen gestellt, indem ihr eine weniger attraktive Position ohne Führungsverantwortung angeboten wird, die sie ablehnt. Der Betriebsrat unterstützt sie. Ein Gespräch zwischen dem neuen CIO und Frau Hütteli findet zwar statt, dauert aber weniger als dreißig Minuten und endet fruchtlos.

Der CIO setzt sich durch und erringt seinen Sieg – Herr Fränkli wird neuer Kommunikationschef. Frau Hütteli verbleibt vorerst noch im Unternehmen, leistet fehlerfreien Dienst nach Vorschrift und reduziert ihr persönliches Engagement um fünfzig Prozent –

bis zu dem Tag, als sie das Unternehmen verlässt. Die internen „Schwätzchen-Blumen" blühen, es wird getratscht und geflüstert und Herrn Hütteli das Leben nicht gerade angenehm gemacht. Dies so lange, bis Herr Hütteli nach acht Monaten das Handtuch wirft. Der Sieg des CIOs erweist sich als Pyrrhussieg, dem Unternehmen ist ein nicht unerheblicher Schaden entstanden, der vermeidbar gewesen wäre, hätte man mit Frau Hütteli gemeinsam nach Lösungen (Aufgabengebieten, Sonderprojekten...) gesucht, die ihr trotz der Einstellung Fränklis den Verbleib im Unternehmen ermöglicht hätten.

Wenn es um alles geht
(oder so scheint)

Jeder Verhandler hat Gesprächspartner, die für ihn ganz besonders wichtig sind, bei denen ein Scheitern der Verhandlung unabsehbare Folgen haben könnte. Zum Beispiel, wenn es um Kunden geht, die zu verlieren Sie sich nicht leisten können. Gespräche, deren positiver Ausgang förmlich als „lebensnotwendig" erscheint, erzeugen einen großen inneren Druck und bewirken häufig ein Gefühl der Angst – Angst zu versagen und seine Ziele nicht zu erreichen.

Prof. Dr. Gerald Hüther, der bekannteste Hirnforscher im deutschsprachigen Raum, zeigte in einem seiner Vorträge[37] auf, dass Gefühle der Angst und der Verunsicherung genau diejenigen Hirnzentren massiv in ihrer Funktion beeinträchtigen, die wir für kreatives Denken benötigen. Im präfrontalen und kortikalen Bereich des Hirns entsteht eine Übererregung, wodurch wir unser Hirn nicht mehr benützen

---

[37] Quelle: Prof. Dr. Gerald Hüther, Vortrag in Köln: Gelassenheit hilft: Anregungen für Gehirnbenutzer, 23.09.2009, http://vimeo.com/14898862

können. Wir sind weder imstande, Handlungen zu planen, noch uns in andere Personen hineinzuversetzen, wir sind sogar „sprachlos" und uns fällt nichts mehr ein.

Ich[38] habe so eine gefühlt-schlimme Situation selbst erlebt. Als noch recht unerfahrene Rednerin wurde ich eingeladen, die GRASP Verhandlungsmethode vor 150 Unternehmern vorzustellen. Professionelle Vorbereitung, Stichwortkarten - an alles hatte ich gedacht. Ein wenig Nervosität gehört ja dazu. Doch dann geschah das Furchtbare, das Unvorhergesehene und ich wäre am liebsten im Erdboden versunken. Das Kopfmikrofon war ausgefallen, so musste ich ein Handmikrofon benützen.

Panikfragen rasten durch mein Hirn:

Wohin mit den Stichwortkarten? Wie die Präsentation umblättern? Was soll ich tun, wenn mir nichts mehr einfällt?

---

[38] Birgit Hauser

Aus solchen Situationen finden wir laut Hüther nur heraus, wenn es gelingt, Vertrauen in die eigenen Fähigkeiten zurückzugewinnen. Wie gelingt das?

Trainieren, trainieren, trainieren. Wir fahren ja auch nicht als Skianfänger die schwarze Piste hinunter oder erreichen in Nullkommanichts Handicap 5. Durch permanentes Training gewinnen Sie Vertrauen in Ihre Fähigkeiten und Sie sammeln immer mehr Erfolgserlebnisse. Das Gefühl, das Sie dabei empfinden, wird in Ihrem Langzeitgedächtnis abgespeichert. Nur zu. Einfach ausprobieren.

Sollten Sie in der nächsten Zeit mit Kunden verhandeln müssen, bei denen es für Sie „um alles" geht, dann führen Sie sich die folgenden zwölf großartigen Formulierungen von Myra Golden[39] zu Gemüte, die wir für Sie übersetzt haben.

1) Wir haben unterschiedliche Ansichten hierzu. Ich werde mich **mehr** mit Ihrem Standpunkt beschäftigen. Es ist hilfreich für mich zu verstehen, wie Sie

---

[39] Quelle: http://myragolden.wordpress.com/2010/03/30/myras-helpful-phrases-for-negotiating-with-customers/Übersetzung von Birgit Hauser, letzter Zugriff am 04.08.2012

diese Dinge sehen. In der Zwischenzeit kann ich ... tun, um das akute Problem zu lösen.

2) Es ist unsere Firmenphilosophie, nicht für Reklamationen, die auf unsachgemäßer Bedienung unserer Produkte beruhen, zu bezahlen. Wir haben eine Verantwortung der Firma gegenüber, die die Seriosität unserer Produkte schützt. Wenn also ein Produkt so wie erwartet funktioniert und keine Mängel aufweist, können wir keine finanzielle Erstattung anbieten.

3) Ich habe verstanden, dass Sie 500 Euro Schadenersatz wünschen. Bitte sagen Sie mir, wie Sie zu dieser Summe kommen?

4) Das hört sich ein bisschen hoch an.

[!] Egal, welchen Betrag Ihr Gesprächspartner nennt, sprechen Sie nur diese sieben Wörter aus und dann schweigen Sie. Die meisten Menschen fühlen sich unwohl, wenn Sie nichts mehr sagen. Das wird Ihren Gesprächspartner dazu bewegen zu antworten. Entweder wird er etwas vorschlagen, das weniger kostet oder er wird versuchen, seine Forderung zu begründen.

5) Das ist fair und angemessen, weil...

Souverän verhandeln auf Augenhöhe
Das GRASP Experiment

6) Ich bin bereit zu_____, weil_____
7) Bitte akzeptieren Sie diesen Gutschein mit 10 Prozent Rabatt für Ihren nächsten Einkauf als konkrete Entschuldigung.
8) Ich verstehe Ihr Anliegen. Was denken Sie, wäre fair?
9) Auch wenn Sie mit meiner Entscheidung nicht einverstanden sind, würde ich Ihnen gerne sagen, wie ich dazu gekommen bin. So können Sie diese - wenn schon nicht akzeptieren - zumindest verstehen.
10) *Am Telefon:* Lassen Sie mich diesen Sachverhalt überprüfen und Sie dann zurückrufen. Ich melde mich spätestens morgen Nachmittag mit einer Antwort.
11) Wir haben sehr lange darüber nachgedacht und es ist das beste Angebot, das wir unterbreiten können. Alles darüber hinaus macht das Geschäft für uns nicht mehr wertvoll.
12) Herr Meier, wir wollen dieser Sache genauso wie Sie auf den Grund gehen.

Humus für Inspiration

Bildlich sprechen – Sprachbilder

Ist Ihnen schon aufgefallen, dass Gesprächspartner, die durch ihre Sprache Bilder in unseren Köpfen entstehen lassen, bei weitem mehr Wirkung erzielen und glaubwürdiger, ja sogar sympathischer sind?

Warum ist dies so?

Bildhafte Sprache ist das Salz in der Redesuppe, der Humus für Inspiration und Vorstellungskraft. Bildhafte Vergleiche machen die Sprache abwechslungsreich, dynamisch und fesseln die Aufmerksamkeit Ihrer Gesprächspartner.

Sammeln Sie Sprachbilder und verwenden Sie diese so oft Sie können.

Hier kommt eine unvollständige Liste mit Sprachbildern und Redensarten – direkt aus dem Verhandlungsalltag, die Ihren Gesprächen bzw. Diskussionen und Argumentationen Impulse sein sollen. Fangen Sie gleich an, die Liste mit eigenen Sprachbildern zu ergänzen.

Souverän verhandeln auf Augenhöhe
Das GRASP Experiment

- Da sind so viele Eier im Korb, warum sollte ich ein faules nehmen? (Geschäftsmann, der sich unhöflich behandelt fühlte und es daher ablehnte, weiter zu verhandeln)
- Alle Register ziehen
- Wer A sagt, muss auch B sagen
- Alte Zöpfe abschneiden
- Daher bläst der Wind
- Salamitaktik
- Atmosphärische Störung
- Für einen Apfel und ein Ei
- In Luft auflösen (Hindernisse)
- Blankoscheck ausstellen
- Jemandem eine goldene Brücke bauen
- Auf Sand bauen
- Den Wald vor lauter Bäumen nicht sehen
- Den Löwenanteil bekommen
- Da sind wir mehr auf Ihrer Seite der Mitte als auf meiner.[40] Die Chemie stimmt.
- Damit landen wir einen Coup.
- Mit einem blauen Auge davonkommen
- Nerven wie Drahtseile
- Was will ein Brunnenfrosch von den Wogen des Meeres erzählen?[41]
- Einen alten Besen sollte man möglichst nicht wegwerfen, sondern in die Ecke lehnen.[42]

---

[40] Birgit Hauser während einer Gehaltsverhandlung, 2004
[41] Stefan Leitner in einer Fachdiskussion zur Lösung eines komplexen Softwareproblems

Souverän verhandeln auf Augenhöhe
Das GRASP Experiment

- Kapital einfrieren
- Auf fruchtbaren Boden fallen
- In den leuchtendsten Farben malen
- Schauen Sie den Sachverhalt einmal durch die praktische und nicht durch die akademische Brille an.[43]
- Unter den Tisch fallen lassen
- Auf halber Flamme kochen
- Das verleiht unserem Projekt Flügel.
- Manchmal muss man das Geld zum Fenster hinauswerfen, damit es zur Tür wieder hereinkommt.[44]
- Sie haben einen gewissen Abstand zur Technik.
- Verteilen nach dem Gießkannenprinzip
- Bis dahin fließt noch viel Wasser den Berg hinunter.
- Das ist für mich ein algebraisches Rätsel.[45]
- Kein Jota
- Lassen Sie uns die Karten neu mischen.
- Ober sticht Unter.[46]
- Zielorientiert: = semantisch überflüssig[47]
- Mantel der Verschwiegenheit
- Mit Siebenmeilenstiefeln vorankommen
- Welches sind die Hemmschuhe?
- Zum Sozialtarif kann ich das leider nicht anbieten.
- Die Notbremse ziehen

---

[42] Wolfgang Bunte sen. während eines Kamingesprächs 2009
[43] Carsten Egenolf bei der Planung einer Softwarestrategie 2004
[44] Marina Bunte während einer Planungssitzung 2012
[45] Armin Hering während der Erklärung einer Nebenkostenabrechnung 2012
[46] Torsten Bess zu seinem Mitarbeiter 2009
[47] Prof. Dr. E. Krainz im Seminar 2013

Souverän verhandeln auf Augenhöhe
Das GRASP Experiment

- Olympiareife Leistung
- Steine aus dem Weg räumen
- Ultima Ratio
- Wäre diese Verhandlung ein Schachspiel, würde ich mich jetzt ziemlich matt fühlen.[48]
- Eine Schwalbe macht noch keinen Sommer.
- Sie und ich: Wir sind doch nur die „Hanswurstl" unseres Managements. Lassen Sie uns einen Weg finden, wie wir dieses Gespräch so beenden können, dass wir beide das Meistmögliche erreichen.[49]
- Nach den Sternen greifen
- Die Leiter nach oben klettern
- Auf dem Silbertablett servieren
- Tabula rasa machen
- Rom wurde auch nicht an einem Tag erbaut.
- Der Funke springt über.
- We agree to disagree.
- Das ist eher ein Hürdenlauf als ein Spaziergang.
- Da ist Licht, aber auch Schatten.
- Das ist eher ein Felsbrocken als ein Stein, den wir da ins Rollen bringen müssen.
- Gehaltsverhandlungen führen ist wie Bergsteigen. Damit Sie ganz oben ankommen, müssen Sie gut trainieren, schwierige

---

[48] Peter Völger während einer Preisverhandlung 2010

[49] Stefanie Sofka in einer Preisverhandlung mit dem Einkäufer eines Automobilherstellers 2006

Passagen meistern und im entscheidenden Moment den richtigen Haken setzen.[50]
- Ein Mosaik ist gut, denn da dürfen alle Ecken und Kanten haben. Die Fuge richtet es dann schon.[51]
- Selbständigkeits-Verunmöglichung[52]
- Rettungsinsel (Bezeichnung für Steering Group im Projektkontext)[53]

Versuchen Sie, Sprachbilder in Ihren aktiven Wortschatz aufzunehmen. Sie werden sehen, wie ausdrucksstark und eindrucksvoll diese sind.

---

[50] Birgit Hauser im Seminar 2011
[51] Ulrike Nolte bei der Vorbereitung einer Großgruppenmoderation 2012
[52] Prof. Dr. E. Krainz im Seminar 2013
[53] Wolfgang Hesina im Seminar 2013

Charme als Strategie
... gibt 20 Prozent Plus

„Charme ist ein Mittel, ein "Ja" zu erhalten, ohne präzise eine Frage danach gestellt zu haben."
(Albert Camus)

Das leuchtet uns ein. Menschen mögen eben Menschen, in deren Gegenwart sie sich wohlfühlen. Die meisten von uns fühlen sich in Gegenwart von charmanten Personen sehr wohl.

Wenn Frauen verhandeln, können sie mit einem Lächeln häufig viel mehr erreichen als mit „harter Taktik". Stellen Sie sich vor, eine Geschäftsfrau geht zum Autohändler und sagt in forschem Ton: „Ich habe ein Angebot, bei dem das Auto um 8.900 Euro billiger ist als bei Ihnen. Geben Sie mir den gleichen Preis und ich kaufe bei Ihnen." Das kann dominant wirken und kommt in unserer Geschäftswelt heute nicht besonders gut an. Wer möchte schon gerne mit dominanten Personen verhandeln? Wenn die gleiche Geschäftsfrau in das Autogeschäft kommt und mit einem charmanten Lächeln sagt: „Ist das wirklich Ihr letzter Preis? Kommen Sie, der Händler auf der anderen Straßenseite hat genau so ein Auto dort stehen und er verkauft es mir um 8.900 Euro weniger. Ich würde wirklich gerne bei Ihnen kaufen, aber ich muss auch auf mein Budget achten. Was gibt es für Möglichkeiten für Sie und für mich?

Jetzt gibt es auch endlich den wissenschaftlichen Beweis für diese These: Dr. Laura Kray, Professor an der Universität Berkeley in Kalifornien, hat jüngst dazu eine Studie[54] veröffentlicht. Bemerkenswert ist, dass sie mit dieser Studie als erste überhaupt weiblichen Charme und dessen potenziellen Erfolg durch die akademische Brille betrachtet. Kray führt aus, dass die richtige Mischung aus Freundlichkeit und Flirt einer der Pfeile aus dem „geheimen weiblichen Verhandlungsköcher" ist. Interessanterweise belegt Kray, dass Frauen, die weiblichen Charme effektiv als Verhandlungsstrategie, zum Beispiel beim Kauf

---

[54] Quelle: Studie Feminine Charm: An Experimental Analysis of Its Costs and Benefits in Negotiations, with Connson C. Locke and Alex B. Van Zant. Personality and Social Psychology Bulletin, published online 07/2012, S.1ff
http://www.haas.berkeley.edu/groups/online_marketing/facultyCV/papers/kray_paper2012.pdf, letzter Zugriff am 16.09.2012

eines Autos, einsetzen, dadurch bis zu zwanzig Prozent des Preises sparen können.

Verbinden wir nun Freundlichkeit und Charme noch mit Humor, dann ergibt das eine fast unwiderstehliche Strategie, andere für sich zu gewinnen, in dem den Verhandlungspartnern ein „Feel-good–Gefühl" vermittelt wird, um eigene Ziele in Verhandlungen zu erreichen.

[!] Vorsicht:

Zu viel des Guten wirkt schnell anbiedernd und schadet mehr als es nützt. Die Gefahr ist groß, dass man schnell als wenig authentisch und glaubwürdig eingeschätzt wird.

Wenn Sie kein akzeptables Angebot für Ihren Gesprächspartner haben, welches Sie mit harten Fakten und klaren Zahlen untermauern können, nützt Ihnen auch die größte Charme-Offensive nichts.

Natürlich, und das klingt vielleicht verrückt, gibt es auch hier ein plakatives Gegenbeispiel. Ja, Charme und zuvorkommendes Verhalten am Verhandlungstisch können auch kontraproduktiv wirken. Wer hätte das gedacht?

In einem meiner MBA-Seminare hat ein Student mit der Aussage überrascht, dass er mehr als einmal die Erfahrung machte, dass Herzlichkeit und nettes, konziliantes Verhalten zu Misserfolg führten.

Der MBA-Student arbeitete neben seinem Studium als Geschäftsführer für eine Organisation, die für ihre Kunden exzellente Beschaffungsdienstleistungen erbringt. Seine Aufgabe dabei war, unablässig den Markt zu beobachten, mit Anbietern zu verhandeln und Einkaufsempfehlungen auszusprechen. Zudem bewegte er sich im kirchlichen und sozialen Umfeld und gab mir folgendes Interview für dieses Buch:

BH: Wie war die Situation, in der Sie nicht mit Ihrer eigenen, freundlichen und zuvorkommenden Art im Gespräch punkten konnten?

MBA: Ich habe mit der Wirtschaftsverantwortlichen einer kirchlichen Institution über das mögliche zukünftige Einkaufsvolumen gesprochen. Die Dame hat einen toughen Eindruck auf mich gemacht. Sie bevorzugte einen sehr fakten-orientierten, sachlichen Gesprächsstil und hatte keinen Sinn für ein paar Minuten freundlichen Smalltalk. Beispielsweise war sie schon unangenehm berührt, als ich ihr ein Glas Mineralwasser eingeschenkt habe.

BH: Oh, das ist ungewöhnlich.

ST: Ja, das stimmt. Auch als ich ihr den Vortritt in den Konferenzraum gelassen habe, fühlte sie sich nicht wohl. Nach meiner Einschätzung hat sie mich als Konkurrenz angesehen und wollte sich wohl mit einem besonders dominanten Auftreten Respekt verschaffen.

BH: Ja, das kann vorkommen. Wie haben Sie die Situation gemeistert?

ST: Hm, im ersten Gespräch war das nicht möglich. Interessanterweise war beim zweiten Gespräch ihr männlicher Kollege anwesend. Das hat das Gesprächsklima positiv beeinflusst.

[!] Passen Sie Ihr kommunikatives Verhalten an das Ihres Gesprächspartners an.

Wenn Sie jemandem gegenübersitzen, der direkt bzw. konkret ist und konzentriert die Fakten durchgeht sowie auf Charme und Smalltalk nur zurückhaltend oder gar nicht reagiert, so reduzieren auch Sie Ihre Sprache auf das Wesentliche.

Souverän verhandeln auf Augenhöhe
Das GRASP Experiment

Kluge Worte im Verhandlungskontext

Es gibt wunderbare Zitate von berühmten Persönlichkeiten. Manche haben schon vor über 2000 Jahren Gedanken formuliert, die nichts von ihrer Aktualität eingebüßt haben und für jeden Verhandler hilfreich sein können. Lassen Sie sich davon inspirieren.

„Ein Schwätzer wünschte, von Sokrates Rhetorik zu lernen. Der Philosoph verlangte von ihm doppelt so viel Honorar wie von anderen. "Aber warum?" - "Weil ich Ihnen sowohl Sprechen als auch Schweigen beibringen muss".“(Sokrates)

Kommentar Birgit Hauser:

Ein 74-jähriger Rentner geht zu seiner Hausbank und wird in ein Beratungsgespräch verwickelt. Die junge Bankangestellte schwärmt, statt ihm zunächst schweigend zuzuhören, ihm minutenlang und in den höchsten Tönen von einer wunderbaren Geldanlagemöglichkeit vor. Sie selbst ist davon so begeistert, dass ihr Kunde erst nach einiger Zeit die Frage stellen kann: „Wie lange ist denn die Laufzeit hierfür?" *„15 Jahre", lautet die Antwort, worauf der*

Kunde sagt: „Danke, kein Interesse." Aufrichtiges Interesse am Gesprächspartner und gezielte Fragen gleich zu Beginn führen zu einem konstruktiven Gesprächsverlauf, der den tatsächlichen Bedürfnissen des Kunden gerecht wird.

„*Man widerspricht oft einer Meinung während uns eigentlich nur der Ton missfällt, in dem sie vorgetragen wurde.*" (Friedrich Nietzsche)

Kommentar Birgit Hauser:

Erfolgreiche Verhandler sind höflich, freundlich und respektvoll. Das beschreibt auch Melanie Billings-Yun in ihrem Buch „Beyond Dealmaking". Darin sagt ein indischer Geschäftsmann über einen unhöflichen Verhandlungspartner: „*Da sind so viele Fische im Ozean. Warum sollte ich einen verrotteten nehmen? Den Deal habe ich längst mit jemand anderem gemacht.*" Die Kunst, zielorientierte und erfolgreiche Gespräche zu führen, liegt oftmals in der Fähigkeit, unhöfliche Aussagen zu ignorieren und diesen einen partnerschaftlichen, positiv gestimmten Gesprächsstil entgegenzusetzen.

„Es ist Unsinn, Türen zuzuschlagen, wenn man sie angelehnt lassen kann." (J. William Fulbright)

Kommentar Birgit Hauser:

Sollten Sie bei Ihren Verhandlungen an einem Punkt angelangt sein, wo Ärger und Enttäuschung dominieren, werfen Sie trotzdem nicht die Flinte ins Korn! Auch wenn Sie das Gefühl haben, Ihr Gesprächspartner geht auf Ihre Argumentation nicht ein, kehren Sie – nach einer Verschnaufpause – an den Verhandlungstisch zurück! Vielleicht sprechen Sie ja nicht die Sprache Ihres Gegenübers?

"You're right, I'm wrong. Thanks for disagreeing." (Rich Salz)

Kommentar Birgit Hauser:

Mit Humor können Sie eine angespannte Situation entschärfen und gemeinsam mit Ihrem Gesprächspartner eine Brücke bauen, über die er Ihnen wieder entgegenkommen kann. Könnte Ihnen ein Satz wie der folgende nicht unter Umständen auch einmal mit einem Augenzwinkern über die Lippen kommen?

„Glauben Sie wirklich, dass der unverschämt inflationäre Preis, den ich Ihnen eben genannt habe, mein Ernst ist? Ich werde Ihnen sofort 67 Prozent Rabatt einräumen!"

„Für die meisten Frauen ist Konversation vornehmlich die Sprache der Übereinstimmung: ein Weg, um Beziehungen zu Verhandlungspartnern aufzubauen." (Deborah Tannen)

Kommentar Birgit Hauser:

Ja, ich füge hinzu, dass sich gerade Frauen oft einfach nicht selbstbewusst genug darstellen und in etwa folgendes formulieren: „Das ist meine Leistung. So viel kostet sie. Das ist ihr Wert."

„Lasst uns niemals aus Angst verhandeln. UND lasst uns niemals Angst vor Verhandlungen haben." (J.F. Kennedy)

Kommentar Birgit Hauser:

Sie fühlen sich wie David, der Goliath gegenübersteht? Vor einem Gespräch mit „ungleichen" Partnern geben wir oft frühzeitig „unsere Pfunde" aus der Hand, weil wir uns in unserer Position geschwächt fühlen. Vergeben Sie nicht unnötig Ihre

Chancen – trainieren Sie vielmehr Ihren Geist auf Augenhöhe!

„Zähle bis zehn! Das ist eine klassische Verhandlungstechnik. Es ist ein freundliches Zeichen für Ihre Nicht-Zustimmung und ein guter Weg, um weiter zu verhandeln. Zähle bis zehn, denn dann wird der Andere meistens zu sprechen beginnen und möglicherweise ein höheres Angebot unterbreiten."
(Bill Colemann)

„Die Macht des Schweigens: Vergessen Sie niemals die Macht des Schweigens, dieser massiv unangenehmen Pause, die anhält und anhält - und einen Gesprächspartner dazu verleiten kann, loszuplappern und nervös zurückzurudern." (Lance Morrow)

Kommentar Birgit Hauser:

Die Verhandlung zwischen einem GmbH-Geschäftsführer und zwei Vertretern seiner Versicherung über den Leistungsumfang ist ein Paradebeispiel dafür, wie man mit einigen Minuten Schweigen im richtigen Moment Tausende Euro verdienen kann. Die Verhandlung war beinahe am Ende - eine konstruktive, angenehme Atmosphäre während der eineinhalb Stunden, in der sich jeder wohlfühlte.

Und dann sagt der Geschäftsführer plötzlich: „Das sehe ich nicht so." Und schweigt... so lange, bis die Versicherungsherren einlenken und sagen: „In Anbetracht der langen Geschäftsbeziehung können wir diesmal wohl auf Ihren Vorschlag eingehen. Jetzt lassen Sie uns zum Italiener um die Ecke gehen. Sie bezahlen."

„Ein Verhandler muss alles beobachten. Sie müssen teils Sherlock Holmes, teils Sigmund Freud sein."
(Victor Kiam)

Kommentar Birgit Hauser:

In unserer sich permanent verändernden, schnelllebigen und dynamischen Welt laufen wir Gefahr, aufgrund der vielen Reize, denen wir ausgesetzt sind, die Gabe, genau zu beobachten, zu verlieren. Viele von uns bewegen sich zu wenig aufmerksam in ihrem Umfeld und so entgehen ihnen Details bzw. Kleinigkeiten sowie kaum sichtbare Hinweise, die wir von anderen ständig bekommen. Nicht nur aufmerksames Zuhören, sondern mindestens genauso wichtig ist konzentriertes Beobachten.

„Schlechte Argumente bekämpft man am besten dadurch, dass man ihre Darstellung nicht stört." (Sydney Smith)

Kommentar Birgit Hauser:

Wenn Ihnen am Verhandlungstisch jemand gegenübersitzt, dem offensichtlich ein gedanklicher Irrtum (vielleicht in Bezug auf eine Zahl) zu seinen Ungunsten unterlaufen ist, so fragen Sie sich, was wichtiger ist: Sie schweigen und unterzeichnen einen Vertrag, mit dem Sie ungeahnte Vorteile erhalten oder Sie machen Ihren Gesprächspartner darauf aufmerksam und bieten ihm an, sein Angebot noch einmal zu überdenken. Das entscheidet jeder für sich selbst.

Ein Beispiel

Ein Innsbrucker Architekt und Baukoordinator erstellte eine Ausschreibung für die Lieferung von fünfzig Türen. Vier Firmen gaben in etwa ähnliche Angebote ab, eine Firma bot drastisch preisgünstiger, um ca. ein Drittel weniger, an. Der Architekt hätte seinem Auftraggeber empfehlen können, dieses Angebot anzunehmen und den Vertrag zu unterzeichnen. Stattdessen gab er dem Anbieter bei den Vergabegesprächen die Chance, sein Angebot zu überprüfen mit den Worten: *„Kann es sein, dass Sie sich da verrechnet haben?"*

Damit eilt dem Architekt in der Branche und in der Region ein Ruf als fairer Geschäftspartner voraus. Ausführende Firmen wissen, dass eine Zusammenarbeit mit ihm „Handschlag-Qualität" hat."

„Im Geschäftsleben ist der Rückspiegel immer klarer als die Frontscheibe." (Warren Buffet)

Kommentar Birgit Hauser:

Hätte, wäre, wenn... Sollten Sie sich einmal verkalkuliert haben und von einer Verhandlung nicht profitieren,- schlimmer noch, sogar Verluste erleiden, weil sich das Projekt als um einiges zeitaufwändiger herausstellt, als Sie erwartet haben, und sich Ihnen keine Möglichkeit bietet, nachzuverhandeln, so beurteilen Sie dies als „Investition in Erfahrung". Am wenigsten hilfreich ist, sich lange darüber zu ärgern. Auf, zu neuen Verhandlungsabenteuern! So ein Fehler wird Ihnen nicht noch einmal passieren. Das ist das Gute daran.

„Ich bin verpflichtet, meinen Gegnern Argumente zu liefern, aber nicht Verstand." (Benjamin Disraeli)

Kommentar Birgit Hauser:

Es bleibt jedem selbst überlassen, ob er die Menschen, mit denen er am Verhandlungstisch sitzt, mit denen er also in einer Sache vorankommen will, als Gegner bezeichnet.

Fragen an mich selbst:

Was aus diesem Kapitel ist besonders wertvoll für meinen eigenen Alltag?

Was davon möchte ich gleich morgen umsetzen?

Welche eigenen Erfahrungen habe ich bereits gemacht, die etwas vom Inhalt dieses Kapitels widerspiegeln?

Quintessenz aus diesem Kapitel

Verwenden Sie wertschätzende Formulierungen so oft es geht. Damit erzeugen Sie eine respektvolle, positive Gesprächsatmosphäre, in der sich Menschen naturgemäß wohl fühlen. Nichts ist schlimmer in einem Gespräch als Desinteresse an dem, was der Andere zu sagen hat. Selbst wenn Sie eine Frage stellen (Interesse zeigen), aber an der Antwort nicht wirklich interessiert sind, spürt das Ihr Gegenüber und verliert nach und nach seinen Wunsch, mit Ihnen weiter zu sprechen.

Ein Beispiel

Freundin 1: „Wie geht es Dir mit Deinen Kollegen?"
Freundin 2: „Ach, nicht so gut. Wir können uns bei einigen Themen auf keinen gemeinsamen Nenner einigen."
Freundin 1: „Ach übrigens, weißt Du schon, dass heute Abend ein Konzert von Humus[55] stattfindet?"

---

[55] Österreichische Band

Freundin 1 hätte echtes Interesse signalisiert, wenn sie nachgefragt hätte, worum es denn konkret bei dem „Kollegen-Fall" gegangen ist, anstatt über ein Konzert zu sprechen. Wer auf diese Weise zeigt, dass ihn die Gedanken des anderen nicht interessieren, darf sich nicht wundern, wenn der Gesprächspartner mit der Zeit immer mehr verstummt – im Sinne von „gar nichts mehr erzählt". Selbst ist man befremdet und denkt dann: „Der oder die erzählt ja gar nichts!"

Daher: Fragen Sie nach, seien Sie aufmerksam, regen Sie an weiterzusprechen und zeigen Sie Verständnis für die Belange des anderen. Sie werden vielleicht überrascht sein, welch eine außergewöhnliche Welt sich Ihnen offenbart.

Fragen an mich selbst:

Was aus diesem Kapitel ist besonders wertvoll für meinen eigenen Alltag?

Was davon möchte ich gleich morgen umsetzen?

Welche eigenen Erfahrungen habe ich bereits gemacht, die etwas vom Inhalt dieses Kapitels widerspiegeln?

V. Humor als „ernste" Verhandlungstechnik

Die Berliner Zeitung hat sich mit der Frage, was der Unterschied zwischen Lachen und Humor ist, beschäftigt. Mattioli beschreibt in seinem Artikel[56] über Prof. Dr. Barbara Wild, Deutschlands renommierteste Humorforscherin, dass Lachen sich „nicht versteckt", während man den Humor manchmal erst auf den zweiten oder dritten Blick erkennen würde. Wenn jemand lacht, sei das schon von weitem sicht- und hörbar. Den Humor hingegen hat Wild erst entdeckt, als sie die Gehirne von Versuchsteilnehmern mit bildgebenden Verfahren untersuchte, als diese lustige Cartoons zu sehen bekamen.

Mattioli führt in seinem Artikel weiter aus, dass wir alle ein Lach-Koordinationszentrum und eine Art

---

[56] Quelle: Sandro Mattioli in der Berliner Zeitung Onlineausgabe, 2008; http://www.berliner-zeitung.de/archiv/bildgebende-verfahren-zeigen--dass-komplexe-vorgaenge-im-gehirn-ablaufen--bis-sich-im-gesicht-ein-lachen-zeigt-auf-der-suche-nach-dem-humor,10810590,10309778.html, letzter Zugriff am 15.08.2012

Humor-Wächter im Kopf hätten. Erstaunlich sei, dass – wenn wir einen Witz luslig finden – die Unterdrückung des Lachens ausgeschaltet wird und nicht umgekehrt.

Wir haben in einer Untersuchung[57] Berufsdiplomaten (aufgrund ihrer überdurchschnittlichen Verhandlungsfähigkeiten, die sie sich während ihrer Ausbildung aneignen) und professionelle Verhandler zur Bedeutung von Humor für den Verhandlungserfolg befragt. Nachfolgende Aussagen konnten mit sehr zutreffend, zutreffend, 50 – 50, unzutreffend und sehr unzutreffend bezeichnet werden.

1.) Feinsinniger Humor ist unabdingbar für den Verhandlungserfolg.
2.) Feinsinniger Humor ist wertvoll in fast allen Gesprächssituationen.
3.) Manchmal entspannt eine humorvolle Bemerkung kritische Situationen.
4.) Humor ist nicht wichtig für den Verhandlungserfolg.

---

[57] Anonyme Onlineumfrage 09/2012

5.) Bei Verhandlungen über konkrete Fakten ist Humor nicht notwendig.

Sehen Sie sich die grafische Darstellung der Antworten nun an. Für zwei Drittel der Teilnehmer der Umfrage ist Humor wichtig in Verhandlungen.

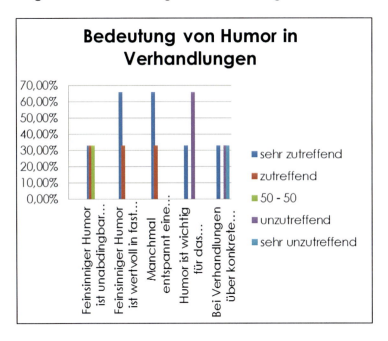

Abbildung 8
Ergebnis Online-Umfrage

Die meisten von ihnen sind sich sicher, dass eine feine Prise Humor in Verhandlungen manchmal wie ein Katalysator wirken kann, durch den greifbare Spannung entweicht.

Beispiel: Wetterumschwung

Kennen Sie das Phänomen? Plötzlich wandelt sich das Klima im Raum, es wird kälter. Wenn beispielsweise der CFO, der zweitmächtigste Mann in einem börsennotierten Unternehmen im europäischen Ausland, den Konferenzraum betritt, sinkt die Raumtemperatur um zwei Grad. Dann ist schnelles Denken, intellektuelles Erfassen komplexer Zusammenhänge, Faktenorientierung, sprachliche Präzision gefragt. Seitengespräche, humorvoller Smalltalk oder gar eine Tasse Kaffee wären für diesen CFO reine Zeitverschwendung. Regelmäßig „erzittern" die Leiter der einzelnen Geschäftsbereiche beim Gedanken, die jährlichen Budgetverhandlungen mit „the cold guy" unbeschadet zu überstehen. Einmal ist es dann doch passiert: Es war, als einer der Geschäftsführer folgendes sagte:

GF: *Das ist ja wie in der physikalischen Fakultät.*

CFO: [harsch, ungeduldig] Ich vermute, dass Sie die Relevanz Ihrer Bemerkung für unser Gespräch gleich aufzeigen werden?

GF: [leise, jedoch zornig] *In der physikalischen Fakultät beschwert sich auch der Dekan über das Budget seiner Abteilung: "Warum muss ich euch ständig so viel Geld für Labors, teure Ausrüstung und Geräte in den Rachen werfen? Warum könnt ihr nicht so sein wie die Mathematiker? Die brauchen nur Geld für Bleistifte, Papier und Papierkörbe! Oder noch besser: Wie die Philosophen, die brauchen NUR Bleistifte und Papier! Wenn Sie der Meinung sind, dass Philosophen unser Geschäft besser vorantreiben können, dann genehmigen Sie eben NUR Bleistifte und Papier.*

Da war er, der seltene Moment, in dem dieser CFO die Andeutung eines Lächelns erkennen ließ. Das hat die Atmosphäre im Raum – zwar kaum wahrnehmbar – aber doch entspannt.

Humor verfeinert die Beziehung zum Gegenüber, entspannt kritische Situationen, bewirkt, dass Gesprächspartner sich wohl fühlen und öffnet die Tür zum kreativen Potenzial aller Beteiligten. In unseren Experimenten und auch im Zuge von Verhandlungen konnten wir feststellen, dass kurz nachdem eine witzige Bemerkung gefallen ist, schneller und mehr Ideen produziert wurden, um ein Problem zu lösen.

Fallen Ihnen in angespannten Situationen geistreiche Bemerkungen selten oder gar nicht ein?

Können Sie etwas tun, das Ihnen hilft, genau im richtigen Moment mit einer amüsanten, feinen Äußerung die atmosphärische Störung zwischen Verhandlungspartnern zu entschärfen?

Mit Vergnügen empfehlen wir das Buch „Humor lacht". Die Autorin, Jumi Vogler, beschreibt darin, wie Humor die Welt verändern kann. Zumindest unsere eigene. Jumi Vogler schreibt: *„Den humorvollen Menschen erkennt man leicht. Er hat Profil. Er hat eine Meinung. Er hat Haltung. Und damit stellt er sich den Veränderungen und Herausforderungen des Lebens leichter. Wir Menschen neigen dazu, uns abzusichern."*[58]

---

[58] Quelle, Zit: Vogler, Jumi, Humor lacht, 2. Auflage, Gabal Verlag, Offenbach, 2012, S.9f

Ein Meister des feinen Humors ist Bertram Pietsch, der folgende humorvolle Tatsache[59] immer wieder gerne erzählt.

„Der österreichische Weihbischof Dr. Leo Pietsch kommt vom II. Vatikanischen Konzil zurück in seine Gemeinde und spricht folgendes: *„Wir haben über viele schöne Dinge geredet. Unter anderem auch darüber, dass zukünftig alle Kirchenvertreter einheitlich mit Vater angesprochen werden sollen. Meine lieben Gemeindemitglieder: Es macht mir nichts aus, wenn Sie mich weiterhin mit Exzellenz ansprechen.""*

---

[59] Pietsch, Bertram im Gespräch September 2012

Zum Schluss

Wenn Sie jetzt denken: „Verhandeln ist doch gar nicht so schwer, ich werde es gleich morgen besser machen", so haben Henning Beck und ich unser Ziel voll und ganz erreicht.

Unser Ziel war, ein Buch zu schreiben, kein akademisches, das zweierlei bieten sollte:

1.) Positive Emotionen und Unterhaltung beim Lesen
2.) Interessante Aspekte und praktische Hinweise für Menschen, die verhandeln

Wir sammeln skurrile, seltsame und außergewöhnliche Verhandlungserlebnisse für unser nächstes Buch.

Schicken Sie uns Ihre Geschichte – wenn Sie mögen – ganz einfach und formlos an research@birgit-hauser.com. Wer weiß, vielleicht wird gerade Ihr Praxisbeispiel im nächsten Buch publiziert.

Souverän verhandeln auf Augenhöhe
Das GRASP Experiment

Abbildung 9
Quelle: negotiations.com

Souverän verhandeln auf Augenhöhe
Das GRASP Experiment

Anhang – GRASP Verhandlungsplaner

GRASP Verhandlungsplaner

Was ist das Thema und der Anlass der Verhandlung?
Worüber verhandeln wir überhaupt?
Wer nimmt an der Verhandlung teil?
Was weiß ich schon, was muss ich noch recherchieren?

_____
_____
_____
_____
_____

	Verhandler	Beschreibung (Position, Persönlichkeit etc.)
Meine Seite		Welchen Eindruck werden meine Gesprächspartner von mir/uns haben?
Deren Seite		Was weiß ich über meine Gesprächspartner?

Abbildung 10: GRASP Planer Seite 1

Souverän verhandeln auf Augenhöhe
Das GRASP Experiment

Schritt eins - ZIELE (Goals)

Priorität	Was sind in dieser Verhandlung meine Mindest-Ziele, was meine Wünsche darüber hinaus und was meine langfristigen Ziele jenseits der aktuellen Verhandlung? Was ist am wichtigsten für mich?
1	
2	
3	
4	
5	
6	
	Welche Ziele hat vermutlich mein Gesprächspartner? Wie passen diese zu meinen Zielen?
gleich	
ent-gegen-gesetzt	
unter-schied-lich	

Abbildung 11: GRASP Planer Seite 2

Souverän verhandeln auf Augenhöhe
Das GRASP Experiment

Schritt 2 – OPTIONEN / Wege / Möglichkeiten (Routes)

	Ich könnte.....	Vorteile	Nachteile
1	Das bestmögliche Ergebnis für mich ist:		
2			
3			
4			
5			
6	Ein Ergebnis, das ich gerade noch akzeptieren könnte:		

Abbildung 12: GRASP Planer Seite 3

Souverän verhandeln auf Augenhöhe
Das GRASP Experiment

Schritt 3 – ARGUMENTE (Arguments)

Begründungen, die jedes einzelne meiner Argumente untermauern:

Meine Position _____

begründe ich mit Argumenten wie folgt:

1.
2.
3.

Hilfreiche Information/ Dokumentation, die meine Argumentation noch zusätzlich stützt:

1.
2.
3.

Ich kann einen Wechsel zu

_____

in meinen Bedingungen rechtfertigen, weil:

1.
2.
3.

Je nachdem, wie mein Verhandlungspartner argumentiert, stelle ich Fragen, entweder um weitere Informationen zu erhalten oder um möglichem Widerstand entgegenzuwirken:

Wenn sie argumentieren, dass _____

frage ich zu

1. Informationen: _____

2. Widerstand: _____

_____

Abbildung 13: GRASP Planer Seite 4

Souverän verhandeln auf Augenhöhe
Das GRASP Experiment

Abbildung 14: GRASP Planer Seite 5

Souverän verhandeln auf Augenhöhe
Das GRASP Experiment

Schritt 5 - Überzeugung (Persuasion)

Wie formuliere ich meine wichtigste Botschaft so, dass sie „unwiderstehlich attraktiv" ist und ich meine Verhandlungspartner überzeugen und für mich gewinnen kann?

Beobachtetes Kommunikationsverhalten/-vorlieben meines Gesprächspartners:

faktenorientiert: direkt: schnell: ergebnisorientiert:

personenorientiert: indirekt: langsam: risikobereit:

am Überblick orientiert:

ist eher detailorientiert:

Abbildung 15: GRASP Planer Seite 6

Anhang – Fallbeispiel

Nachfolgend finden Sie das Fallbeispiel, mit dem die Teilnehmer des Experiments aus Kapitel II konfrontiert wurden.

Yamhill Beeren Farm[60]

Maria ist die Besitzerin der Yamhill Beeren Farm, einer mittelgroßen Obstplantage in Oregon, Willamette Tal. Sie pflanzt dort Erdbeeren, Himbeeren und Heidelbeeren (eine seltene Sorte, die dort lokal wächst, sehr hoher Preis, die extra wegen ihres aromatischen Geschmacks gezüchtet und angebaut wird). Maria ist besonders stolz auf die hohe Qualität ihrer Früchte, die sie nur durch kompromisslosen Verzicht auf Kunstdünger und Pestizide erreicht. Auf der Yamhill Beeren Farm wird nur biologischer Dünger verwendet. Das hat seine Vor- und Nachteile. Auf der Plusseite steht, dass die Yamhill-Früchte und Marmeladen regelmäßig Preise für ihr

---

[60] M. Billings-Yun, 2010;
©Deutsche Übersetzung Birgit Hauser, 2011

außergewöhnlich gutes Aroma sowie ihren fantastischen Geschmack gewinnen. Eher nachteilig wirkt sich diese Art des Anbaus jedoch auf die Haltbarkeit aus, die weniger als die Hälfte der durchschnittlichen Haltbarkeit anderer Früchte beträgt.

Peter ist der lokale Einkäufer für „Frische Farm" - ein großer und ständig wachsender Lieferant für Lebensmittel. Seine Aufgabe ist, Zulieferer für Früchte und Gemüse mit hoher Qualität zu finden und deren Produkte für seine Kunden einzukaufen. Seine Abnehmer sind regionale Supermärkte, Hotels und Restaurants auf der ganzen Welt. Kürzlich hat die Firma „Frische Farm" damit begonnen, für Feinkostläden im ganzen Land eine eigene Produktreihe aus Saucen, Gourmetprodukten und feinen Gewürzen zu etablieren, herzustellen und abzufüllen.

Im Willamette Tal gibt es unzählige Farmen sowie Obstgärten und so hält Peter immer Ausschau nach zuverlässigen, reellen Obstbauern. Einer davon, denen er vertraut, ist der Hof von Maria. Peter ist ein passionierter Gourmet und Liebhaber von feinem Essen und hat großen Respekt vor Marias traditionellen Anbaumethoden. Jedoch – und das ist sein tägliches Geschäft – muss er seinen Nettoertrag im Fokus haben. Das heißt, er muss seinen Kunden liefern, was diese möchten und vor allem zu einem Preis, den sie bereit sind, dafür zu bezahlen.

Seit einiger Zeit gibt es auf dem Markt immer mehr genmanipulierte Erdbeeren sowie eine neu gezüchtete Sorte Himbeeren. Es gibt keinen Zweifel, dass die neuen Früchte, selbst wenn sie eine geringere Geschmacksintensität haben, robuster und länger haltbar bzw. auch resistenter gegen Krankheiten sind. Daher sind diese neuen Sorten billiger pro Kilogramm.

In der Vergangenheit kaufte Peter ca. 80 Prozent der gesamten Ernte von Yamhill Beeren Farm. Den Rest verarbeitete Maria zu Marmelade und Gelee, welches sie unter ihrem Namen abfüllte und mit ihrem Lkw an die regionalen Restaurants lieferte. Was übrig blieb, verkaufte sie an Einzelkunden, die von allen Seiten in ihren Hofladen kommen, um direkt dort einzukaufen.

Da Erdbeeren, Himbeeren und Heidelbeeren jeweils erst einen Monat später reif und dann geerntet werden, beschäftigt Maria den ganzen Sommer über Erntehelfer, anstatt immer nur zur Erntezeit, wie es die Obstbauern mit nur einer Sorte (z.B. Äpfel) tun. In der Zwischenzeit sind die Erntehelfer von Maria mit dem Backen von Beerenkuchen, dem Einkochen von Marmelade, der Herstellung von Beerenzucker, dem Design von Geschenkartikeln bzw. -karten sowie mit der Arbeit im Hofladen beschäftigt.

Morgen, so wie jedes Jahr im Frühling, wird Peter Maria besuchen, um mit ihr über die diesjährige Ernte bzw. die Bedingungen ihrer Zusammenarbeit (Qualität, Quantität, Frische, Preis, Lieferung) zu sprechen. Der normale Lieferprozess ist für die Farmer so, dass sie ihre Produkte direkt in das Lager von „Frische Farm" liefern, wo das Obst bzw. das Gemüse gereinigt, gewogen, abgepackt und in Lkw geladen und direkt zu den Käufern geliefert wird. Normalerweise freut sich Peter immer auf den Tag, an dem er Maria trifft, denn er liebt es, durch die gepflegten Gärten der Yamhill Beeren Farm zu spazieren. Dieses Jahr jedoch hat Peter ernste Bedenken. Die Beeren von Maria können nicht länger mit den neuen Sorten konkurrieren, die ihre Farmer-Nachbarn anbauen – weder bezüglich des Preises noch der Haltbarkeit, was eine der wichtigsten Anforderungen der Supermarktketten ist. Darüber hinaus sind die neuen Züchtungen nicht nur größer, sondern sehen auch gleichmäßiger sowie schöner als die von Maria aus. Peter würde zwar weiterhin gerne mit Maria zusammenarbeiten, jedoch muss er zugleich die Realität im Auge behalten und dabei auf seinen Profit achten.

Peter warnte Maria bereits ein paar Tage vor ihrem Treffen und informierte sie über seine Bedenken. Bei dieser Gelegenheit sagte er ihr auch, dass er sie aufgrund der langen und respektvollen Geschäftsbeziehung gerne weiterhin als Lieferantin behalten würde. Jedoch braucht er unbedingt ihr Entgegenkommen bezüglich des Preises. Aufgrund ihrer Kosten für die biologischen Düngemittel als auch der Personalausgaben für die Erntehelfer von Mai (Reifezeit der Erdbeeren) bis August (Reifezeit der Blaubeeren) hat sie jedoch keinen Spielraum, ihm diesbezüglich entgegenzukommen.

Andererseits weiß sie, dass sie alleine vom Verkauf in ihrem Hofladen wirtschaftlich nicht überleben könnte. Gleichzeitig fühlt sie sich für die Erntehelfer verantwortlich, die bereits seit zehn Jahren jeden Sommer bei ihr arbeiten.

Was kann sie tun, um die Farm zu retten?

Literaturverzeichnis (alphabetisch)

Bekinschtein TA, Davis MH, Rodd JM, Owen AM (2011) Why clowns taste funny: the relationship between humor and semantic ambiguity. J Neurosci, 29;31(26):9665-71.

Billings-Yun, Melanie: Beyond Dealmaking – five steps to negotiating profitable relationships, San Francisco, Jossey Bass (imprint WILEY Verlag), 2010

Akbari Chermahini S, Hommel B (2012) More creative through positive mood? Not everyone! Front Hum Neurosci. 2012;6:319.

Cloutier J, Heatherton TF, Whalen PJ, Kelley WM (2008) Are attractive people rewarding? Sex differences in the neural substrates of facial attractiveness. J Cogn Neurosci,20(6):941-51.

Davis M. A. (2009) Understanding the relationship between mood and creativity: a meta-analysis. Organ. Behav. Hum. Decis. Process. 108, 25–38.

Dobelli, Rolf: Die Kunst des klaren Denkens, München, Carl Hanser Verlag, 2011

Duss-von-Werdt, Josef: Homo Mediator, Stuttgart, Klett-Cotta Verlag, 2005

Fischer, Ury, Patton: Das Harvard Konzept, 22. Auflage, Frankfurt, Campus Verlag, 2004

Kimich, Claudia: Um Geld verhandeln, München, C.H. Beck Verlag, 2010

Kunkel, Bräutigam, Hatzelmann: Verhandeln nach Drehbuch, Heidelberg, Redline Wirtschaft, 2006

Souverän verhandeln auf Augenhöhe
Das GRASP Experiment

Kruse, Peter: Erfolgreiches Management von Instabilität, 5. Auflage, Offenbach, Gabal Verlag, 2010

Mobbs D, Greicius MD, Abdel-Azim E, Menon V, Reiss AL (2003) Humor modulates the mesolimbic reward centers. Neuron, 4;40(5):1041-8.

Mobbs D, Hagan CC, Azim E, Menon V, Reiss AL (2005) Personality predicts activity in reward and emotional regions associated with humor. Proc Natl Acad Sci U S A, 8;102(45):16502-6.

Schranner, Matthias: Verhandeln im Grenzbereich, 7. Auflage, Berlin, Econ Ullstein List Verlag, 2007

Kahnemann, Tverski: The framing of Decisions and Psychology of Choice, Science, New Series, Vol. 211, 1981

Radatz, Sonja: Beratung ohne Ratschlag, 5. Auflage, Wien, Verlag systemisches Management, 2008

Vogler, Jumi: Humor lacht, 2. Auflage, Offenbach, GABAL Verlag GmbH, 2012

Zimmermann, Kurt W., Echte Golfer weinen nicht, 6. Auflage, München, COPRESS Verlag in der Stiebener Verlag GmbH, 2012

Weiterführende Literatur

Birkenbihl, Vera F.: Psycho-Logisch richtig verhandeln, 19. Auflage, München, MVG Verlag, 2011

Birkenbihl, Vera F.: An Ihrem Humor soll man Sie erkennen, 6. Auflage, München, MVG Verlag, 2011

Scherer, Hermann: 30 Minuten Fragetechnik, Frankfurt, Gabal Verlag, 2012

Abbildungsverzeichnis

ABBILDUNG 1: QUELLE: WWW.NEGOTIATONS.COM, LETZTER ZUGRIFF AM 24.10.2012.. 18
ABBILDUNG 2 DER VERHANDLUNGSERFOLG DER TEILNEHMER AUFGESCHLÜSSELT NACH DEN FÜNF BEWERTUNGSKRITERIEN. 56
ABBILDUNG 3: DIE ÜBERZEUGUNGSKRAFT DER TEILNEHMER ÄNDERT SICH, JE NACHDEM, WIE VIEL VORBEREITUNGSZEIT SIE FÜR IHR ERÖFFNUNGSPLÄDOYER HATTEN. 58
ABBILDUNG 4: POSITIV GESTIMMTE PERSONEN HABEN SCHON NACH KURZER VORBEREITUNGSZEIT EINE ÜBERZEUGENDE RHETORIK VOR IHREM VERHANDLUNGSPARTNER. 61
ABBILDUNG 5: OB ARGUMENTE GUT ODER SCHLECHT SIND, HÄNGT IN DIESEM EXPERIMENT NICHT VON DER VORBEREITUNGSZEIT AB. 63
ABBILDUNG 6: BEISPIEL TEILAUSWERTUNG EINER VERHANDLUNGS-POTENZIALANALYSE... 108
ABBILDUNG 7: GOLDENES WÖRTERBUCH FÜR VERHANDLER ... 113
ABBILDUNG 8: ERGEBNIS ONLINE-UMFRAGE 181
ABBILDUNG 9: QUELLE: NEGOTIATIONS.COM............................ 188
ABBILDUNG 10: GRASP PLANER SEITE 1 189
ABBILDUNG 11: GRASP PLANER SEITE 2 190
ABBILDUNG 12: GRASP PLANER SEITE 3 191
ABBILDUNG 13: GRASP PLANER SEITE 4 192
ABBILDUNG 14: GRASP PLANER SEITE 5 193
ABBILDUNG 15: GRASP PLANER SEITE 6 194

Vorsicht zerbrechlich!

Strategien und Prozesse für die Entwicklung einer organisatorischen Konfliktkultur

Autorin: Sonja Seirlehner, MBA MSc
225 Seiten Broschiert/Softcover A5
ISBN 978-3-9503380-1-0
VK: € 48,-

Wie viel Weiblichkeit verträgt die Wirtschaft?

Die Strategie der weiblichen Vermännlichung

Autorin: Sonja Seirlehner, MBA MSc
343 Seiten Broschiert/Softcover A5
ISBN 978-3-9503380-0-3
VK: € 24,50

Charmant unverschämt?!

10 erfolgreiche Strategien zur Königsdisziplin der Gesprächsführung im Business

Autorin: Sonja Seirlehner, MBA MSc
100 Seiten Broschiert/Softcover A5
ISBN 978-3-9503380-9-6
VK: € 14,50

21 erfolgreiche Ideen, um bekannt zu werden

Herr Huuber© wird bekannt

Autorin: Birgit Hauser
Broschiert/Softcover A5
ISBN 978-3-9503380-2-7
VK: € 9,50

Versandkostenfrei bestellen im Pesermo Bücher-Shop

www.pesermo-shop.com